KB155417

네트워크 마케팅의 새 시대

WAVE 3

The New Era in Network Marketing

네트워크 마케팅의 새 시대 (제3 물결)

지은이 · 리처드 포
옮긴이 · 홍 순 범
개정판 인쇄일 · 2016년 02월 25일
개정판 발행일 · 2016년 02월 25일
펴낸곳 · 용안미디어
주소 · (135-081)서울시 강남구 역삼1동 696-25 3층
전화 · 010-6363-1110
팩스 · (02)6442-7442
등록 · 제16-837호
가격 · 10,000원

ISBN 89-8615-13-8 02320

네트워크 마케팅의 새 시대

WAVE 3

리처드 포 지음
홍 순 범 옮김

YONGAHN MEDIA

옮긴이 **홍 순 범**

스탠퍼드 대학 인터내셔널 커뮤니케이션 수료.
대한 교육 연합회 연구부장, 숭의 여대 영어과 강사,
덕성여대 영어과 강사, 뉴질랜드 대사관 상무관실 고문.

역저서 : 〈헤밍웨이 전집〉, 〈쥐덫 · 커튼〉, 〈반항과 자유〉,
〈Seoul Then and Now〉, 〈On the Paekche Trail〉 등

목 차

머리말

1990년 5월 어느 날이었다. 석세스사의 사무실 전화는 한 달 동안이나 불이 날 지경이었다. "부재 중 전화 왔음"이라고 써있는 핑크색 쪽지 더미가 책상 위에 수북이 쌓여 있었다. 전화 문의는 모두 내가 〈석세스〉에 실은 1페이지 짜리 기사 "90년대 소비자를 붙잡는 가장 강력한 상법"에 대한 것이었다. 그 기사의 영향은 〈석세스〉의 40만 정기 독자의 범위를 훨씬 넘어섰다. 그 기사가 실린 후 몇 달 동안 네트워크 마케팅 회사들은 신규회원 모집용으로 수만, 아니 수백만 부나 이 기사를 복사하여 전국적으로 뿌렸다는 이야기를 들었다. 업계 전문가의 추측에 의하면 이 사업에 풀 타임으로 참여하고 있는 사람은 6백~7백만에 달한다고 한다.

네트워크 업계 뉴스레터인 〈업라인〉의 편집장 존 포그는 내게 이렇게 말했다. "네트워크 마케팅에 참가한 것을 환영합니다." "입에서 입으로 전하는 마케팅의 위력을 이제 실감하시게 됐죠."

그의 말이 맞았다. 그 기사가 실린 〈석세스〉지가 신문, 잡지 판매대에서 사라진 지 오래되었는데도 독자의 편지는 계속 쇄도하였다. 이 편지의 공통점은 두 가지였다. 독자는 어엿한 경제지에 마침내 네트워크 마케팅에 대한 적극적인 기사가 실린 데 대해 고맙게 생각했고 한 편으로는 그렇게 오랫동안 기다리게 한 데 대해 분노하고 있었다. "왜 언론은 네트워크 마케팅에 대한 보도를 더 많이 싣지 않는가?"

"〈석세스〉지는 네트워크 마케팅에 대한 기사를 더 많이 실었으면 좋겠다."

"최근 〈석세스〉지에 실린 기사를 읽고 흥분하였다. 더 자세한 것을 알려면 어디에다 연락을 하면 좋은가?"

"〈석세스〉지에서 네트워크 마케팅에 관한 기사를 읽고 도서관에 찾아갔으나 아무 자료도 없었다."

"78세의 이 노인은 네트워크 마케팅에 관한 기사를 읽고 대단히 만족했습니다."

"나는 80년대부터 이 사업에 종사하고 있습니다. 마침내 〈석세스〉처럼 권위있는 잡지가 우리 사업에 대해 긍정적인 견해를 표시하게 되었군요."

이 사람들은 다 누구인가? 이들은 왜 네트워크 마케팅에 열광하고 있는가? 나는 그 대답을 발견해야 했다.

이리하여 위험, 모험, 음모, 믿지 못할 좋은 기회 등으로 점철된 3년 간에 걸친 대장정이 시작되었다. 나는 미지의 세계로 여행길에 나섰다. 그곳은 철저한 낙천주의자, 몽상가, 천성적인 활동가, 철학자, 백만장자 등으로 가득한 나라였다. 나는 수많은 사람들이 참석한 설명회에 잠입해 들어가기도 하였다. 사람들은 경제적 자립의 꿈으로 눈을 반짝이며 황홀한 듯이 회원 모집 연설을 듣고 있었다. 나는 유명 인사와 허물없이 대화를 나누기도 했고, 관료 제도와 씨름도 하였고, 동료들의 비웃음을 참고 견디기도 했다. 이 모든 것을 겪고 난 다음, 나의 궁금증에 대한 대답을 모두 얻을 수가 있었다. 이 책은 나의 개인적인 탐구의 결과를 한데 엮어 놓은 것이다.

이 모든 것은 어느 날 아침, 뉴욕의 시립 박물관 앞을 지나 직장으로 출근하는 도중에 생긴 일로부터 비롯되었다. 헝클어진 머리의 수상쩍은 어떤 젊은이가 광고 전단을 돌리고 있었다.

"직장을 그만두고 자기 사업을 경영하여 몇 년만에 일생 동안 충분한 수입을 얻게 해주며, 추가 보수를 얻는 방법을 시작해보시지 않겠습니까?" 그 전단에는 이런 말이 적혀 있었다. "관심 있는 분은 다음 번호로 전화해 주십시오."

나는 전화를 걸었다. 부자가 되고 싶어서가 아니라 〈석세스〉의 선임 편집장으로서 항상 취재 거리를 찾고 있었기 때문이다. 그 길모퉁이에 서있던 사람은 '네트워크 마케팅' 인가 뭔가 하는 회사의 디스트리뷰터였다는 것을 알게 되었다. 이 사람은 자기의 '다운라인' 에 가입할 회원을 모집하고 있었던 것이다.

"이 이상한 새 사업에 대해서 기사를 한번 써볼까." 나는 곰곰이 생각해 보았다. 이것이 어떤 결과를 가져올 것인지 그때는 전혀 알지 못했다.

위에서 말한 대로 내가 쓴 칼럼은 놀랄 만한 반응을 불러일으켰다. 독자들의 뜨거운 관심과 편집국 직원들의 회의론 사이에서 스코트 디가모 주필은 편집국 직원들에게 네트워크 마케팅에 대한 무제한 토의를 개최하라는 지시를 내렸다. 이 토의를 통해서 〈석세스〉가 이 사업을 계속 보도할 것인가, 안할 것인가 결정하게 하였다. 양 진영 간에 격론이 벌어졌다. 편집국 직원 일부는 네트워크 마케팅은 피라미드 사기이기 때문에 〈석세스〉는 이것을 멀리해야 한다고 주장했다. 토론이 너무 격렬해졌기 때문에 나는 회의에서 물러나서, 일년 동안 이 문제를 보류해두기로 했다.

편집 회의에서는 네트워크 마케팅이라는 말을 사용하는 것조차 삼가하도록 했다. 그러나 전화는 계속 걸려왔다. 독자들은 기사를 실어달라고 강력히 요구했다. 나는 취재를 은밀히 계속하였다. 남모르게 인터뷰를 했고 필요한 신문 기사를 복사하기 위하여 남의 눈을 피해 몰래 복사실에 들어가야 했다. 비즈니스 컨설턴트와 전화로 이야기를 나누고 네트워크 마케팅에 관한 자료나 전화번호 파일은 남들이 보지 못하게 개인 캐비닛 깊숙이 감춰두었다.

문제의 칼럼을 쓴 지 일년 반이 지난 후, 디가모 주필은 나에게 네트워크 마케팅에 관한 커버 스토리를 편집하라고 부탁하였다. 네트워크 마케팅을 합법적으로 업계에 소개하는 결정적인 특집기사였다. 그때까지 전국적인 규모의 경제지가 네트워크 마케팅을 그렇게 대대적으로 다룬 적은 없었다.

네트워크 마케팅에 관한 비밀 자료를 꺼내어 들고 나는 즉시 일류 작가, 컨설턴트, 전문가를 동원하였다. 권위 있는 〈마케팅 인사이드〉지의 발행인이며 편집장인 발레리 프리가 우리 팀에 가입하여 중요 기사를 썼다. 그 밖의 칼럼과 보조 기사는 60년대 반체제 운동을 하였다가 네트워크 마케팅의 대변자가 된 제리 러빈, 클리프톤 졸리 같은 업계 인사가 맡았다. 〈업라인〉 편집장 존 포그는 정보와 연락처를 제공해 주면서 막후에서 열심히 도와주었다.

기사는 모두 롱 아일랜드 대학 마케팅과 주임 교수이며 네트워크 마케팅의 최고 권위자인 스리쿠마 라오 박사가 그 정확성을 일일이 검토하였다. 내 친구이며 동료인 〈석세스〉 선임 편집장, 던컨 맥스웰 앤더슨은 기사 편집을 훌륭하게 도와주었다.

영향은 즉각 나타났다. 기대를 훨씬 뛰어넘었다. 잡지가 발행되기도 전에 독자들이 그렇게 열화와 같이 성화하며 기다리는 기사는 본 적이 없다.

〈석세스〉에 네트워크 마케팅에 대한 기사가 실린다는 소문이 업계에 요원의 불처럼 퍼졌다. 팩스는 쉬지 않고 토해내고 전화는 계속 울려대고 음성 우편은 과부하될 지경이었다. 전광판은 맨하탄 야경처럼 환히 비추었다. 잡지가 나오기 전에 그 기사에 대한 카피를 보내달라는 주문이 쇄도하여 이런 전화를 받는 일만 전담하는 풀 타임 전화 담당 직원을 고용하지 않을 수 없었다. '작은 명성'의 충격이 다시 시작되었던 것이다.

얼마 후, 나는 〈석세스〉를 떠났다. 그러나 이 경제지는 계속 네트워크 마케팅을 다루고 있다. 내가 알기로는 전국지 중에서 이 분야를 다루는 비중이 제일 큰 잡지다. 경제계의 주류 기자만으로는 도저히 메울 수 없는, 이러한 정보에 대한 독자의 간절한 요구를 채워주기 위하여 이 책을 썼다는 것을 밝히고 싶다.

사람들이 상사나 관료 제도 앞에서 위축되지 않고 옛날 개척자처럼 우뚝 서서 자기 자신의 운명을 개척하는 미래 사회를 네트워크 마케팅이 예시하고 있다고 믿는다.

제3 물결 혁명은 60년 전 칼 렌보그가 누구나 쉽게 사업가가 되는 길을 터놓은 새로운 비즈니스 시스템인 네트워크 마케팅을 만들었을 때 부터 시작되었다.

네트워크 마케팅의 험난한 준비 기간이 40년 동안 계속되었다. 나는 이 형성기를 '제1 물결'이라고 명명했다. '제2 물결'은 개인 컴퓨터 기술의 발달로 자기 집 차고에서도 네트워크 마케팅을 할 수 있게 된 1980년대에 시작되었다. 이 때에 우후죽순격으로 새로운 회사들이 생겨났다.

'제2 물결' 네트워크 마케팅은 적극적이고 판매지향적인 사업가에게는 아직도 잘 맞는 사업이다.

'제3 물결'은 마침내 대중에게 경제적 자립의 꿈을 실제로 이룩하는 방도를 제공해 준다. 새로운 시스템과 기술을 통하여 '제3 물결'은 우수 판매원 뿐만 아니라 보통 사람도 사업상의 곤란을 겪지 않고 그 결실을 거둘 수 있게 해준다.

〈E 신화〉의 저자인 마이클 거버는 말한다. "제3 물결이 약속한 것을 실천한다면 전적으로 새로운 형태의 네트워크 마케팅이 생겨날 것입니다. 이 제도 하에서 디스트리뷰터는 정보와 연락사항만을 전해주는 인간 접촉점의 역할만 하게 될 것입니다.

이 제도의 취지는 '당신은 당신이 잘하는 일을 하고 우리 회사가 나머지 일을 다 맡아서 처리합니다'라는 것입니다."

'제3 물결'은 자립하는 힘, 자기 경영하는 힘, 자기를 극복하는 힘과 같은 엄청난 힘을 일반 보통사람에게 안겨다 준다.

공상 과학 소설은 앞으로 인간은 과학의 노예가 될 것이라고 몇십 년 동안에 걸쳐 걱정스럽게 예고해 왔다. 그러나 '제3 물결' 사업가는 이 기술을 이용하여 인간의 자유를 증진시킨다.

이 책은 네트워크 마케팅이 무엇이며, 어떻게 그것을 시작할 것인가를 일반 독자들에게 설명해 준다. 이 사업에 경험이 많은 베테랑에게는 '제3 물결'을 설명해 주고 이 새 시스템을 이용해 자기의 '다운라인'을 확대하고, 수입을 증가시키며, 자기가 하고 있는 사업 주변에 널려 있는 아직도 개발되지 않은 무한한 기회를 개척하는 방법을 가르쳐 준다.

이 책의 중요한 특징 그리고 이 책에서 실제적으로 배울 수 있는 것은 다음과 같은 것이다.

- '제3 물결' 성공의 가능성을 측정하는 체크 리스트
- '제3 물결' 회사 식별법
- 초심자의 일곱 가지 함정
- "저충격" 프로스펙팅(가망 고객 모집)과 판매 테크닉
- 누구나 리더가 될 수 있는 안전한 '스폰서십 제도'
- 사업에 대해 관심을 갖게 하는 법
- 정보 시대에서 승리하는 새로운 심리학인 '제3 물결 태도'

아직도 큰 꿈을 꾸고 있는 네트워크 마케팅에 종사하고 있는 많은 사람들에게 경의를 표하기 위하여 감히 이 책을 집필하였다.

리처드 포

제 1 부

예비 지식

제 1 장

제3 물결의 혁명

"어디가 잘못된 걸까?" 테리 힐은 알 수가 없었다. "왜 이렇게 허전하지?" 표면상으로 볼 때 힐에게는 부족한 것이 없었다. 벤츠를 타고 다녔으며, 휴가는 주로 카리브해에서 보냈다. 31세의 나이에 제록스사에서 열 손가락 안에 드는 판매원 중의 한 사람으로, 1년에 13만 달러 이상을 벌어들이고 있었다. 거래처 또한 〈포천〉지 선정 5백대 기업에 속한 일류기업으로 최고급 레이저 프린터를 납품하고 있었다. 거래 한 건마다 수백만 달러짜리였다.그러나 이렇게 탄탄대로를 달리던 중 언제인가부터, 힐의 '아메리칸 드림'은 악몽으로 전락하고 말았다. "나는 일과 결혼했었죠."라고 힐은 말한다. "하루에 네 시간 잤습니다. 오전 6시에 출근해서 오후 12시가 다되어서 퇴근했습니다. 토요일, 일요일도 쉬지 않고 일했습니다."

쌓여 가는 스트레스가 그를 좀먹고 있었다. 매일 교통 체증과 싸우고, 끝없이 계속되는 따분한 회의에 시달리고, 복잡하고 무의미한 부서간 메모만을 처리하고 있었다.

전에는 이렇게 말하며 스스로를 달래곤 했다. "얼마 안 가면 끝날 거야. 일만 열심히 하고 목표에서 눈을 떼면 안돼. 곧 이 지겨운 경주는 끝나고 나는 성공자가 될거야!"

그것이 바로 남들이 말하는 성공이었다. 미국이라는 기업이 그에게 줄 수 있는 유일한 성공! 그러나 그는 차차 가슴이 메스꺼워지는 사실을 깨닫게 되었다.

힐은 회상한다. "아무 데도 갈 곳이 없었습니다." "판매부에서 나의 근무 평점은 오를 수 있는 최고까지 올라서 더 이상 승진할 자리가 없었습니다. 유일한 선택은 경영 부서로 가는 것뿐이었지요. 급료를 깎이고 처음부터 다시 시작하는 것뿐이었습니다."

열병

그때는 자신도 몰랐지만, 힐은 열병, 말하자면 기업 열병에 걸려 있었다. 남을 위해 일하는 한, 그는 결코 행복할 수가 없었다. 이 병을 고치는 단 한 가지 방법은 자기 사업을 소유하여 경영하는 것뿐이었다.

"나는 판매 일을 좋아했습니다. 그렇지만 판매에 바친 시간은 내 시간의 10퍼센트 뿐이었습니다. 나머지 시간은 번잡하고 까다로운 제도와 씨름하고, 주문을 받아내고, 무엇인가 새로 설치하기 위해 경영진과 싸우고, 컴퓨터의 잘못된 숫자를 고치고, 며칠 동안에 걸쳐서 수수료 확인을 하는 일 따위를 하는 데 시간을 보냈습니다. 내 마음대로 시간을 쓸 수가 없었지요. 지금까지 대부분의 시간을 하기 싫은 일만 하면서 보냈다는 것을 깨닫게 되었습니다."

돈을 아무리 많이 벌었다 해도, 힐은 다른 사람이 두는 장기판의 졸에 지나지 않았다. 매년 회사의 경영진은 판매원의 인사 이동을 실시했다. 힐은 일년 내내 주요 고객들과 함께 술을 마셔야 했으며 식사 대접으로 사냥매를 길들이듯이 그들을 자신의 말에 따르게 하기 위해 애를 쓰곤 했다. 그러다가 느닷없이 새 지역으로 전출되어 전혀 새로운 얼굴들을 대해야 했다.

"일년 전에 내가 해 놓은 일에 대해서는 아무 대가도 받지 못했습니다. 이번 달에 돈을 벌려면, 그저 물건을 더 많이 파는 수밖에 없었습니다."

하나의 혁명

힐은 꼼짝달싹할 수 없는 처지였다. 무언가 변화가 없는 한, 은퇴하는 날까지 쳇바퀴 도는 다람쥐처럼 일만 할 운명이었다. 이러한 궁지에 빠진 것은 힐뿐만이 아니었다. 수백만 명이나 되는 사람들이 같은 처지에 놓여 있었다.

치솟는 물가와 하락하는 생활 수준 때문에 수백만 명의 베이비붐 세대들이 빚을 지지 않고 생계를 유지하기 위해 매주 80에서 90시간씩 부산하게 뛰어야 했다. 그중 힐과 같이 운이 좋아 최고의 자리까지 올라간 몇 안되는 사람들은 그 대가로 건강과 가족, 마음의 평안을 희생했던 경우가 많았다.

아이들은 유치원에서 시들어 갔다. 밤늦게 지치고 쓰라린 몸을 끌고 귀가한 남편과 아내는 걸인들을 위한 무료 식당에서 만난 모르는 사람처럼 아무말 없이 전자 렌지에 요리한 식사를 떠먹는다.

힐이 위기를 맞게 된 것이 미국 역사의 바로 이 시점이였다는 것은 무척 다행한 일이었다. 그 해가 1986년이었다. 소리 없는 혁명이 전국에서 일어나고 있었다.

힐과 마찬가지로 많은 젊은 직업인들은 환멸을 느끼고 있었다. 그리하여 마치 1776년의 미국 식민지 개척자들처럼, 많은 사람들이 분개하여 이제는 뭔가를 해야만 한다고 생각하고 있었다.

미국의 변화

직장을 그만두는 꿈을 머리속으로 그리던 것은 힐의 세대가 처음은 아니었다. 서부 개척 시대에는 불만을 품은 사무원이나 파산한 소매 상인들은 마차에 짐을 싣고 서부로 가기만 하면 새로운 일자리를 구할 수 있었다. 그러나 지난 백년 간 그러한 해결책은 통하지 않게 되었다. 그러다가 1980년대에 접어들어 활동적이고 대담한 사람들을 위한 또 하나의 다른 대안이 생겨났다.

새로운 기술과 혁신적인 마케팅 아이디어에 힘입은 몇몇 최첨단 회사가 중심이 되어 미국인들이 일하고 살아가는 방법을 변화시키기 시작하였다. 이들 회사는 미국이라는 기업에 급격한 성장과 전 세계를 지배할 수 있는 비밀 처방을 제공하였다.

테리 힐과 같은 사람들에게는 최소한의 경비로 사업을 시작할 수 있는 기회를 제공하였고, 가족에게 둘러싸인 아늑한 집에서 일할 수 있게 하였다. 또한, 운이 좋은 소수의 사람들에게는 꿈도 꿔보지 못했던 부를 순식간에 이룰 수 있는 기회를 제공하였다.

그들의 아이디어는 혁명적인 것이었다. 사실 그들은 이미 테리 힐의 인생을 알아보기 힘들 정도로 바꿔 놓았다. 1990년대가 가기 전 그들이 시작한 운동은 미국을 송두리째 바꿔놓는 계기가 되었다. 이것을 제3 물결 혁명이라고 부른다.

'제3 물결' 이란 무엇인가?

제3 물결은 경제 변혁의 세 번째이면서 가장 강력한 단계이다.

1941년, 칼 렌보그라는 과학자는 기발한 착상이 떠올랐다. 1920년대에 중국의 포로 수용소에 수용되어 굶어 죽지 않을 정도의 음식밖에 제공받지 못했던 렌보그는 음식의 영양가 중요성을 통감하였다. 그후 렌보그는 알파파, 물냉이, 파슬리, 각종 비타민과 미네랄에서 추출한 보조 식품을 만들어 냈다. 이것을 팔기 위해 뉴트릴라이트 제조사라는 회사를 설립하였다.

렌보그의 이름이 역사에 남는다면 그가 영양학의 혁신을 가져왔기 때문이 아니라 렌보그의 가장 영구적인 업적은 분명 삶의 질 그 자체에 끼친 그의 강한 영향력이다.

임금의 노예

렌보그 이전의 대부분의 사람들은 임금 노예 제도에 예속되어 노동의 대가로 일차 수입을 받고 있었다. 즉 고정 임금이나 시간당 급료는 직장에서 보낸 시간의 양에 직결되어 있었다.

물론 일차 수입으로 많은 돈을 벌 수도 있다. 시간당 수백 혹은 수천 달러까지도 요구하는 컨설턴트도 있다. 그러나 이 사람들은 일정한 시간 일을 해야 그 수입을 받을 수 있다. 몸이 아프더라도 너무 오랫동안 앓지 않는 것이 좋다. 병상에 누워 있는 컨설턴트에게 돈을 지불하지는 않으니까!

판매원인 제리 러빈은 말한다. "시간과 맞바꾸어 돈을 받고 있는 전문 직업인은 절대 자유로울 수가 없다. 한 시간 당 100 달러를 벌 수 있을지 모르지만 시간마다 그곳에 출석하여 일해야만 한다."

수입을 위해 일을 하고 있다면 명령이 떨어지기가 무섭게 그 일을 시작해야 한다. 상사가 아침 6시까지 직장에 나오라고 말하면 그대로 따라야 한다. 또 의뢰인이 아침 회의에 참석할 수 있게 LA 가는 야간 비행기를 타기 바라고 있다면 그 비행기를 놓쳐서는 안 된다. 노예 시대와 마찬가지로 근무 시간 중에 당신 몸이 어디에 있어야 되는지는 상사가 결정해 주는 것이다.

세계적인 대기업주들이 언제나 일차 수입의 굴레에서 벗어나려고 애를 쓴 것이 바로 이 때다. 이들은 다른 사람의 시간과 에너지를 이용하여 자기 목적을 달성한다. 그렇게 생긴 에너지와 시간을 가지고, 책략을 꾸미거나 새 사업을 시작하거나 자기 삶을 즐기거나 한다.

존폴 게티가 말한 대로다. "내 자신의 100% 노력보다는 100사람의 1% 노력이 더 낫다."

추가 보수

그러나 100사람의 노력의 혜택을 어떻게 한 사람이 받을 수가 있는가. 이것이 존폴 게티가 말한 추가 보수다. 어떤 일을 끝마친 오랜 후에도 해마다 계속해서 들어오는 수입을 말한다.

히트 송을 작곡한 사람, 베스트 셀러 작가, 투자를 잘한 사람은 언제나 추가 보수 덕에 호강을 누린다. 반면, 보통 사람들은 언제나 찬밥 신세다. 그런데 칼 렌보그가 나타나자 이 모든 것이 바뀌었다.

렌보그가 창출한 이 방법에 의하면 일반인도 사업을 그만 둔 후 오랫동안 수입이 계속 들어오는 판매조직을 이론상 만들 수가 있다. 이 새 방법은 많은 사람들에게 경제적 자유의 문을 열어 놓았다.

네트워크 마케팅 제1의 혁명을 …

네트워크 마케팅이란 무엇인가?

'네트워크 마케팅' 이란 말은 보통 사전에 상업 용어로 실려 있지 않다. 그리고 네트워크 마케팅에 종사하고 있는 사람들조차도 그 의미에 대해 견해가 일치하지 않는다. 표준적인 기준이 없기 때문에 다음과 같이 그 정의를 내려볼까 한다.

'독립한 판매원이 다른 판매원을 모집하여 사업에 가입시키고 이들 가입자들의 판매 실적으로부터 수수료를 받게 되는 마케팅 방법.'

렌보그의 회사는 이와 같은 원리에 의해서 운영되었다. 뉴트릴라이트 제조사는 독립한 디스트리뷰터들을 무더기로 모집하였다. 이 방법을 통하여 렌보그는 봉급이나 부대비용을 한푼도 지불하지 않고 전국적으로 많은 사람들을 움직일 수 있게 되었다. 디스트리뷰터들이 물건을 팔기 전에는 수수료 지불을 할 필요조차도 없었다.

마찬가지로 더 중요한 것은 새 제도를 사용하면 수많은 판매원을 모집하거나 고용하려고 골치를 썩힐 필요가 없다. 디스트리뷰터들이 모든 일을 다 했다. 새로운 회원을 가입시키면 시킬수록 수입은 자꾸 늘어났다. 렌보그는 연쇄 작용에 불을 당긴 것이다. 판매망은 하루하루 불어나 얼마 안 가 렌보그는 부자가 되었다.

렌보그 회사는 디스트리뷰터가 직접 모집한 사람에 한해서 수수료를 받게 하였다. 그것은 말하자면 '1 단계' 회사였다. 그러나 요즈음의 네트워크 마케팅 회사는 디스트리뷰터들이 여러 단계의 다운라인으로부터 수수료를 받게 한다. 바꾸어 말하면 자기가 모집, 가입시킨 다운라인이 후속적으로 모집, 가입시킨 그 다음 단계의 다운라인의 판매고에 의한 수수료도 받을 수 있다.

이런 까닭에 네트워크 마케팅은 '다단계판매'(약자로 MLM)라고 불리우기도 했었다.

기하급수적 성장

"1만 달러를 지금 당장 받는 것과 오늘 1센트만 받고 매일 계속 그 2배씩을 1달 동안 받는 것 중 어느 것을 선택하겠느냐?"

네트워크 마케팅 종사자들은 이 판매 캐치프레이즈를 수십년 동안 사용해 왔다. 정답은 물론 오늘 1센트 받는 것이다. 31일 후에는 그 1센트가 기하 급수적 성장이라는 마술에 의하여 2천 백만 달러가 되기 때문이다.

네트워크 마케팅에서는 자기가 모집 가입시켜 자기 밑에 거느린 모든 사람을 '다운 라인'이라고 부른다. 이 다운 라인은 이론적으로 위의 이야기와 비슷한 기하급수적 수열(數列)로 성장을 하게 된다. 예를 들면 첫째 달에 5명을 가입시켰고 그리고 이 5명이 그 다음 달에 각각 5명씩 가입시켰다고 하자. 이것이 6개월 동안 계속되었다고 하면 이론적으로 자기 조직, 즉 다운 라인 밑에 19,530명을 거느리게 된다.

일반적인 네크워크 마케팅 회사는 이들 19,530명의 디스트리뷰터들이 판매하는 물건의 도매가에 대한 수수료를 지불하고 있다. 따라서 이들 각자가 매달 1백 달러치의 상품을 사고 이것에 대하여 10%씩 수수료를 받는다면 당신은 한 달에 195,300달러의 수익을 얻게 된다.

바로 여기에 네트워크 마케팅의 놀랄 만한 비결이 있는 것이다.

나중에 설명하는 이유 때문에 이와 같은 수준의 수입을 올리는 사람은 별로 많지 않다. 그러나 몇 년 동안 일한 다음 백만장자가 되어 더 이상 일을 하지 않아도 해마다 거액의 수수료를 받게 되는 것이 네트워크 마케팅 사업가들의 꿈이다.

무일푼에서 부자로

이 기하학적 성장의 꿈을 현실화시킨 사람이 렐프 오츠다. 좀처럼 손에 잡히지 않는 '미국의 꿈'을 이룩해 준 것이 바로 이 네트워크 마케팅이었다.

23년 동안 오츠는 1년에 3만5천 달러를 받고 트럭 운전을 하였다. 장시간 동안, 어떤 때는 며칠씩이나 자기 집을 떠나 운전을 하였다. 지루하고 무의미했고 고맙다는 사람도 없었다. 늘 속이 부글거렸다. 그러나 배운 재주라고는 트럭 운전밖에 없었기에 이러지도 저러지도 못하였다.

부인 캐티 오츠는 회상한다. "뭔가 사고 싶은 물건이 있을 때마다 그 돈을 벌자면 몇 마일이나 운전을 해야 되는지 아느냐고 남편은 늘 말했지요."

그때 캐티는 네트워크 마케팅을 알게 되었고 정수기를 파트 타임으로 팔기 시작하였다. 처음에는 남편이 시간만 허비하고 있다며 못마땅해 했다. 그러나 파트 타임으로 일한지 불과 4개월 만에 1만4천 달러를 벌게 되자 남편의 반대는 목구멍 속으로 사그라졌다. 랠프는 트럭 운전을 때려치우고 부부 동업자가 되었다. 첫해에 10만 달러를 너끈히 벌었다. 6년 후 부부는 7백만 달러라는 큰 돈을 버는 부자가 되었다.

지금은 직접 일을 하지않고 플로리다로 이사를 하여 살고 있지만 부부의 돈은 계속해서 늘어간다. 은퇴한 처음 2년 사이에 추가 수입으로 1백만 달러를 벌어 들였다.

쉽지만은 않다

물론 모든 네트워크 마케팅 사업가가 떼돈을 버는 것은 아니다. 돈을 벌기 전에 많은 디스트리뷰터들은 탈락해 버린다. 기하급수적 성장도 3,4단계 후에는 용두사미가 되는 경우가 많다. 그리고 대부분의 경우 디스트리뷰터는 그 경쟁력을 기르기 위해 일정부분 자기 자신을 투자 해야 된다.

요컨대 네트워크 마케팅이란? 사업에 따르는 모든 문제점과 위험을 갖고 있는 하나의 진짜 사업인 것이다. 복권 추첨이 아니다.

상당한 노력과 어느 정도의 투자, 그리고 끈기가 있어야 성공할 수 있다. 이것은 하루 아침에 이루어지는 것이 아니다. 그러나 포기하지 않고 꾸준히 계속해 나간다면 원하는 것을 마침내 얻을 수 있게 된다.

폰지 속임수인가, 피라미드 신용사기인가

제록스사 여자 판매원인 테리 힐도 네트워크 마케팅에 대해서 들은 적이 있었다. 직접 들었다기 보다는 신문이나 잡지 기사를 읽고 그것을 알고 있었다. 대부분의 이야기는 폭로기사였다. 기자들은 네트워크 마케팅에 대한 기사를 쓸 때마다 '피라미드 신용사기' 니, '폰지 속임수' 니, '행운의 편지' 니 하는 말을 들먹였다.

언론 매체가 보기에는 네트워크 마케팅 회사란 몇몇 어수룩한 주부나 심통을 부리는 노인 등 속기 쉬운 사람들의 욕심을 교묘히 이용해 먹는 악덕 업자에 지나지 않았다. 또한 네트워크 마케팅에 종사하는 사람들을 체크 무늬 양복에 반짝거리는 구두를 신은 말만 번지르한 돈이라면 무슨 짓이라도 하는 사람들로 그려냈다.

대부분의 건실한 전문 판매인들과 마찬가지로 테리 힐은 이와 같은 언론보도를 액면 그대로 받아 들였다. 네트워크 마케팅을 징그러운 벌레 보듯 했다.

그러나 힐은 자기 사업을 하고 싶었다. 자기가 할 수 있는 사업이 얼마나 있을까 열심히 알아봤지만 선택의 폭은 너무나 좁았다.

보험 판매에도 뛰어 들어 봤다. 수익성은 상당히 좋았으나 사람들이 별로 달가워하지 않는 상품을 억지로 팔고 있는 듯한 기분이 들었다.

프랜차이즈점을 시작해 보려고도 했다. 원하는 업종을 자유롭게 선택할 수도 있고 직접 주인이 되어 점포를 운영할 수도 있었다. 그러나 프랜차이즈점을 경영하기 위해서 지불해야 하는 5만~30만 달러, 혹은 그 이상이 되는 보증금을 감당할 수가 없어 큰 빚을 지지 않고는 사업을 시작할 수가 없었다.

그때, 신문에 네트워크 마케팅 사업 광고가 눈에 띄었다. 그 광고를 보자마자 머리 속에 경고등이 반짝 켜졌다. "폰지 속임수다.", "피라미드 신용사기다.", "속지 말자!" 라는 생각이 머리 속에 떠올랐다. 신문을 넘겨 버리려다 순간 멈칫했다. 한번 알아봐도 손해볼 거야 없겠지. 〈포천〉지가 '5백 전문 직업인' 중의 하나로 선발할 만큼 영리한 내가 아닌가. 이 정도야 내가 알아서 처리할 수 있다. 이게 신용 사기라면 단번에 알아 낸 수 있어.

"편견을 버리고 한번 알아나 보자고 결심했죠."

편견을 버릴 수 있었기 때문에 그는 5년 후에 백만장자가 될 수 있었다.

완전한 경제적 자유

테리 힐은 북미와 극동 전역에 5천명 이상의 디스트리뷰터를 둔 다국적 기업의 주인이 되었다. 많이 일하거나 적게 일하거나 마음 내키는 대로 일할 수 있었다. 한 달쯤 타히티로 휴가를 갔다 오더라도 그의 다운라인에 의해 사업은 꾸준히 움직이고 있다.

"형무소에서 풀려 나온 것 같습니다. 자유를 마음껏 누릴 수 있죠. 생전 처음 어디서든 살고 싶은 곳에 살 수 있고, 하고 싶은 일을 할 수 있다는 것을 알게 되었습니다."

자유를 얻게 되어 전 직장에서는 꿈도 꾸지못했던 일, 즉 사랑하고 결혼도 하게 되었다. 대부분의 맞벌이 부부와 달리, 남편과 매일 함께 지낼 수도 있다. 부인이 네트워크 마케팅 사업으로 성공하는 것을 본 남편은 메릴 린치사의 주식 중개인 자리를 버리고 지금 두 사람은 동업자가 되었다.

시간의 자유

테리 힐만큼의 수입을 올리지 못하는 네트워크 마케팅 사업가에게도 네트워크 마케팅은 다른 어디에서도 찾아 볼 수 없는 시간의 자유를 준다.

마조리 무셀만의 이야기를 들어보자. 지금까지 벌어들인 최고 월수입액은 네트워크 마케팅으로 번 2천8백 달러였다. 그 이전의 월수입은 고작 수백 달러에 불과했다. 그러나 남편이 실직했을 동안에도 네트워크 마케팅 수입으로 집안 살림을 꾸려 나갈 수 있었다. 부업으로 청구서를 다 지불할 수 있었을 뿐 아니라 식구들과 여행을 가는 등 약간의 호사도 누릴 수 있었다. 게다가, 다른 파트타임 직업과 달리 스스로 책임자가 되어 사업을 운영할 수 있었고, 집에서도 일을 할 수 있었으며, 일하는 시간도 마음대로 선택할 수 있었다. 추가 수입은 몇 주 동안 쉬더라도 계속 흘러 들어왔다.

대부분의 네트워크 마케팅 사업자는 무셀만과 같을 것이다. 아등바등 큰 부자가 되려고 애쓰지 않고, 앞으로 큰 어려움 없이 행복과 자유를 누리는 것이다. 이런 사람들이나 테리 힐과 같은 사람들에게는 네트워크 마케팅이 경제적 자유를 얻는 최선이자 마지막 남은 희망이다.

제3 물결의 진화

아폴로 14호의 조종사이며 달에 여섯 번째로 착륙한 에드가 미첼 박사는 말한다. “처음 적극적으로 참가했을 때보다, 지금 네트워크 마케팅은 훨씬 더 성숙한 사업으로 성장하였습니다.”

이제는 그전처럼 적극적으로 디스트리뷰터 일을 하고 있지는 않지만 미첼은 아직도 열렬한 네트워크 마케팅의 옹호자이다. 우주선 조종사였던 미첼은 1987년부터 두 가지 네트워크 마케팅 사업을 해 왔고, 오늘도 네트워크 마케팅의 동기 유발에 관한 자문 역할을 맡고 있다. 지금도 미첼은 다운라인 하나에서 추가 보수를 계속 받고 있다.

“우주 비행사로 군에 복무하였을 때나, 네트워크 마케팅 사업을 할 때에도 일생 동안 나는 개척자이고 탐험가였습니다. 힘이 들고 개척 단계여서 사업의 요령이 무엇이고 어떻게 해야 되는지를 스스로 배워 가며 하는 사업에 나는 뛰어듭니다."

네트워크 마케팅은 미첼이 말하는 '힘들고 개척 단계에 있는 단계'를 벗어나고 있다. 이 사업이 시작되어 오늘날까지 오는 동안 세 가지 뚜렷한 국면을 지나며 진화하여 왔다.

첫번째 단계는 1979년에 연방 거래 위원회에서 네트워크 마케팅 사업이 합법적인 사업이며 피라미드 신용사기가 아니라는 판결을 내렸을 때까지다. 이로 말미암아 네트워크 마케팅의 '제1 물결'은 끝나고 오랜 세월에 걸친 회색 마켓, 즉 지하 마켓 단계를 벗어나게 되었다. 이것으로 '첫번째 물결'이 끝난다.

다음에는 '제2 물결'이 왔다. 새로운 기술의 발달로 1980년대에는 네트워크 마케팅 회사가 우후죽순처럼 생겨났다. 하룻밤 사이에도 수많은 회사가 설립되었으며 수백만의 사람들이 네트워크 마케팅에 참여하게 되었다.

그러나, 그 당시의 기술은 아직도 충분히 발달되지 못한 상태였다. 아인슈타인 같은 과학자나 조작할 수 있을 정도로 복잡한 초기의 VCR처럼, 제2 물결 네트워크 마케팅은 대부분의 사람들에게 너무 힘들고 복잡하였다. 그 기술이 시장에 적합하게 발달해 있지 않았기 때문이다.

미첼은 그때를 회상한다. "네트워크 마케팅 회사에 알맞는 음성 우편 방식을 개발해냈습니다. 하지만, 그 당시에는 안목이 있는 몇몇 사람만이 이 방식의 가치를 인정하였습니다. 처음으로 이 방식을 접한 사람들은, 음성 우편에 익숙지 않아 어떻게 이것을 효과적으로 사용할 수 있는지 잘 몰랐습니다."

제2 물결 네트워크 마케팅 사업가들은 이 방식을 활용하지 않고 주로 개인 능력에만 의존하였다. 남을 이기기 위해서는 남보다 유별나야 하는 법. 디스트리뷰터는 자기 힘으로 재고품을 쌓아 올리고, 제품 주문을 받고, 온갖 서류를 스스로 관리하며, 동시에 새 회원을 모집하기 위해 이리저리 뛰어다녀야 했다. 또한 다운라인에 있는 사람들이 낙심하거나 화가 나서 걸어오는 전화도 밤새도록 응답하지 않으면 안 되었다.

사회 심리학자의 분석에 의하면, 대부분의 사람은 대중 앞에서 연설하는 것을 죽는 것보다 싫어한다고 한다. 그러나, 제2 물결 디스트리뷰터는 호텔 등지에서 큰 집회를 열고 많은 사람들 앞에서 연설을 해야 된다는 말을 들었다.

요컨대, 제2 물결 디스트리뷰터는 만능 사업가가 되어야만 했다. 그러나 대부분의 사람은 그렇지 못하였다.

제3 물결은 소비자 위주

제3 물결은 이 모든 것을 변화시켜 놓았다. VCR 제작자들과 마찬가지로, 네트워크 마케팅 회사는 드러나지 않게 그들 방식을 단순화하는 노력을 계속하였다. 그 노력은 마침내 결실을 보았다.

최신형 VCR일수록 조작 방식은 오히려 단순하다. 말 한 마디로 작동되는 것도 있다. 녹화하고 싶은 프로그램의 시간과 날짜를 큰 소리로 말만 하면 저절로 녹화가 된다.

이러한 사실이 말하고자 하는 것은 무엇인가. 기술이 발달됨에 따라 점점 더 소비자 위주로 된다는 것이다.

제3 물결 조직도 마찬가지이다. 현재 가장 앞서가는 네트워크 마케팅 회사는 무엇보다도 단순을 강조한다. 이 회사는 컴퓨터, 경영 방식, 최첨단 원격 통신 방식을 사용하여, 일반 디스트리뷰터의 업무 활동을 최대한 쉽게 해준다. 렌보그의 꿈이 마침내 논리적으로 실증된 것이다.

수십년에 걸쳐, 네트워크 마케팅 사업가는 대중에게 경제적 자유를 약속해 왔다. 제3 물결의 등장으로 마침내 이 약속은 실현된 것이다.

방식에 맡겨라

제3 물결 기술은 더 이상 능력이 뛰어난 사람만을 요구하지 않는다. 오늘날 제3 물결 조직 디스트리뷰터는 21세기의 발달된 조직망, 절차, 홍보, 기술에 의존하여 사업의 가장 복잡한 부분을 단순화, 규격화, 자동화한다.

이제 디스트리뷰터는 프로스펙트(유망한 가입 대상자)를 처음 만났을 때 얼렁뚱땅할 필요가 없다. 프로스펙트와 경험 있는 후원자, 디스트리뷰터 세 사람이 3인 통화를 통해 사업에 대한 의논을 한다. 그렇지 않으면 디스트리뷰터는 프로스펙트에게 전문적으로 제작된 30분 짜리 가입 권고용 비디오 테이프를 빌려준다.

이제 디스트리뷰터는 자기의 재고품을 창고에 쌓아 두거나 서류를 스스로 정리할 필요도 없다. 고객에게 수신자 부담 번호로 전화를 하라고 일러주기만 하면 된다. 그러면 그 회사는 주문을 받고 판매 실적에 따라 디스트리뷰터에게 가산점을 주고 월말이 되면 정산을 해준다. 또한 제 3물결 기술은 다운라인이 자기 거실에 앉아서 인공위성 방송을 통한 회사의 일류 해설자 설명을 듣도록 할 수 있는 편리한 시스템도 갖추고 있다.

그렇지만, 사업의 성공적인 진행을 위해서는 다운라인에 있는 사람을 지도하고, 가르치고, 대중 앞에서 연설하고, 동기 부여까지 능란하게 할 수 있는 실력을 갖출 필요가 있다.

내부는 복잡하지만 겉은 단순하다.

새로운 지원 방식이 출현할 때마다 네트워크 마케팅은 점점 쉬워져 간다. 그리고 새로운 방식이 도입될 때마다 네트워크 마케팅은 더 많은 사람들에게 확산되어 간다.

새로운 기술의 목록은 계속 늘어만 간다. 3인 통화, 원격회의, 그리고 컴퓨터를 이용하여 자동적으로 고객의 주문을 받아 상품의 발송을 처리하는 이른바 '드롭시핑(dropshipping)' 방식은 오늘날 네트워크 마케팅에서 일반화된 판매 수단이다. 메시지나 이메일 발송, 홈피 등의 방식을 통하여 디스트리뷰터는 다운라인에 있는 모든 사람에게 직접 지시를 보낼 수가 있다. PC 프린터를 통하여 수많은 고객의 이름을 봉투에 찍어낼 수도 있다. 사업의 규모를 세계적으로 확산하기를 원한다면 제3 물결 회사는 관세, 세금, 환전, 그 밖의 국제 사업의 골치거리 분야도 다 해결해 준다. 해외에 진출하여 돈만 벌면 되는 것이다.

이 모든 새로운 기술을 이용하고 운영하는 데는 회사가 모두 처리해 준다. 이와 마찬가지로 제3 물결 회사의 내부는 완전 컴퓨터화 되었으며 복잡한 경영 방식으로 가득 차 있다. 그러나 디스트리뷰터에게는 사업 처리 방식이 점점 더 단순하고 간단해 졌다.

인간적인 요소

역설적으로 이와 같은 컴퓨터화는 인간적인 요소 즉 하나 하나 디스트리뷰터의 가치와 중요성을 더욱더 높이고 확대시켜 준다.

전에는 사람이 하던 분야를 컴퓨터가 점점 더 많이 다루게 됨으로써 더 자유로워진 사람은 가장 잘하는 일, 즉 미래상을 그리고, 계획과 전략을 세우고, 문제를 해결하고, 다른 사람들과 서로 교류하는 일 등에 더 전념하게 된다. 제3 물결 디스트리뷰터는 전에는 엄두도 못 냈던 창조적인 방법을 발견하게 될 것이다.

제3 물결 네트워크 마케팅 뿐만 아니라 모든 산업 분야에서도 자동화 바람 때문에 인간적인 요소가 햇빛을 보게 된다. 그러나 대부분의 산업 분야에서 자동화를 이루려면 종업원의 해고가 뒤따르기 마련이다. 제3 물결 조직만큼 인간적인 요소를 더 신속하고 훌륭하게 받아들인 첨단 기술 사업체는 아무데도 없다.

언론 매체는 왜 제3 물결 혁명을 외면하고 있는가?

걱정할 필요가 없다. 언론도 더 이상 방관할 수는 없다.

의도적이거나 아니거나 간에 언론은 지금까지 네트워크 마케팅에 대한 긍정적인 뉴스를 외면하는 경향이 있었다. 크게 성공을 거둔 회사에 대해서는 사업계 소식으로 크게 다루어 왔다. 그러나 이 회사들이 네트워크 마케팅 회사라는 점은 전혀 언급하지 않았다. 이 금지된 단어는 고발을 당했거나 수사를 받고 있는 회사에 관한 부정적인 기사에만 주로 나타났다.

그러나 제3 물결이 발전을 거듭함에 따라 언론이 더 이상 불을 보듯 뻔한 현상을 외면하기는 어렵게 되었다. 〈석세스〉지가 1992

년 네트워크 마케팅을 커버 스토리로 다루면서 처음으로 그 봇물을 터트렸다. 그후부터 〈석세스〉지는 어엿한 비즈니스 잡지 중에서는 처음으로 이 사업에 대해 정기적인 기사를 싣고 있다.

〈석세스〉지가 이렇게 봇물을 터놓았기 때문에 네트워크 마케팅에 대한 긍정적이고 진실된 보도가 계속 되리라고 생각한다.

프랜차이즈 특약점의 교훈

네트워크 마케팅을 둘러싼 여러 가지 왈가왈부 논쟁에 당황할 필요는 없다. 새 아이디어는 처음에는 언제나 공격을 받고 배척 당하는 법이다. 초기에는 프랜차이즈 특약점도 언론과 업계로부터 네트워크 마케팅과 거의 같은 이유 때문에 비난을 받았다.

1950년대에 맥도날드사와 마이더스 머플러, 그밖에 몇몇 모험적인 회사가 10배나 빨리 회사를 성장시키는 방법을 발견했던 것이 일의 발단이었다. 새 점포를 여러 개 열어 장사를 하기 위하여 수백만 달러를 들이지 않고, 독립한 프랜차이즈 특약점이 각기 그 돈을 부담하게 했다. 게다가 그 특약점은 권리금도 내야 했다.

굉장히 좋은 아이디어처럼 보였다. 그러나 언론은 맹렬한 공격을 퍼부었다. 일생동안 저축한 돈을 프랜차이즈 특약점에 투자했다가 망해버린 불쌍한 사람의 폭로 기사가 신문 잡지에 특집 기사로 실렸다. 미국 각주의 검찰 총장이 새 마케팅 방식을 연달아 비난했다. 프랜차이즈 상법을 전면 불법화하려는 국회의원들의 움직임도 있었다. 세상 일이란 변화무쌍한 법. 오늘날 미국 소매 시장의 35%는 프랜차이즈 특약점이다. 뉴욕 증권 거래소의 일류 상장 회사가 된 특약점도 많다.

내재하고 있는 힘

프랜차이즈 상법이 언론의 맹타에서 살아남은 이유는 한 가지밖에 없다. 이 상법이 성공했기 때문이다. 다른 상법보다 장사가 더 잘되었기 때문인 것이다. 같은 이유로 네트워크 마케팅도 앞으로 더 퍼져 나갈 것이다. 네트워크 마케팅이 본래 가지고 있는 힘은 다른 일반 재래식 회사보다 압도적으로 유리한 고지에 서게 하는 것이다.

알곡과 쭉정이를 가려내라

물론 네트워크 마케팅에도 프랜차이즈 특약점이나 그밖에 어떤 사업과 마찬가지로 나름대로 저질의 투기꾼들이 있다. 합법적인 회사와 사기꾼을 분간하는 간단한 방법이 있다. 네트워크 마케팅 사업가가 되고 싶으면 충분한 예습을 해야 한다. 어떤 회사에 동참하기 전에 철저한 조사를 하는 것이 현명하다. 제3장에서는 쭉정이와 알곡을 가려내는 확실한 방법론을 다루겠다.

중간에 포기하지 말 것

60년대에 반체제 활동을 한 적이 있는 제리 러빈은 "많은 미국 사람들이 그런 것처럼 나는 네트워크 마케팅에 대해 수상쩍게 생각했다."라고 〈석세스〉에 실은 기사에서 말하고 있다.

1960년대에 러빈은 과격한 반체제 운동가였다. 뉴욕 증권 거래소에 백달러 지폐를 수백 장 뿌리고 시카고 세븐과 함께 재판을 받은 일로 미국을 떠들썩하게 만들었다.

1980년대에는 쓰리 피스 정장을 하고 뉴욕의 고급 나이트클럽에서 여피들을 위한 파티를 연달아 열어 돈을 갈퀴로 긁어모았다. 언론은 이피가 여피가 되었다고 말했다. 이피는 반전, 반체세주의인 히피 그룹이고 여피는 2차 대전 후에 출생한 베이비 붐 후반 세대로 도회지에 사는 교육을 잘 받은 우아한 삶을 지향하는 화이트 컬러족을 말한다.

당시의 수많은 건달들이 그랬던 것처럼 러빈도 오랜 잠에서 정신을 바짝 차리게 하는 일을 향해 치닫고 있었다. 1987년 증권가에 대폭락이 찾아온 것이다. 러빈은 하룻밤에 70만 달러를 손해보았다. 이와 함께 나이트 클럽 사업도 기울기 시작하였다.

러빈은 그때를 회상한다. "결혼한 베이비 붐 세대들은 더 이상 나이트클럽에 올 형편이 못되었지요." "이제 무슨 일을 해야 하나? 두 살이 된 딸과 한 살박이 아들을 어떻게 먹여 살린다?"

사람을 겸허하게 만드는 경험

러빈은 망했다. 매일 아침 사무실에 혼자 앉아 신문의 구직 광고를 뒤적거렸다. 어느날 러빈의 눈길을 끈 광고가 있었다. 비타민 음료를 파는 네트워크 마케팅 회사 광고였다. 러빈은 이것을 무시해버렸다.

"가입한 지 6개월 만에 파산해 버린 네트워크 마케팅회사 때문에 크게 덴 일이 있었습니다. 그후로는 네트워크 마케팅이라는 것을 염병 피하듯 했습니다."

친구인 리처드 콜 부부가 네트워크 마케팅 사업에 참여하는 것을 보고 비웃은 적이 있었다. 재앙은 연거푸 오기 마련이다. 이 부부가 참가한 회사마다 망해 버렸다. 잘 속는 사람들이라고 러빈은 생각했다. 그러나 그 끈기에는 감탄하지 않을 수 없었다.

러빈은 말한다. "콜 부부는 결코 포기하지 않았지요." "콜 부부의 끈기는 마침내 좋은 성과를 거두었습니다. 몇 년 후에 이들은 마침내 노다지를 캐냈지요. 지금 그들는 억만 장자입니다. 나는 비웃기만 하다가 아무 일도 못했습니다. 이 때문에 여러 가지를 골똘히 생각하게 되었습니다."

러빈은 네트워크 마케팅을 딱 한번만 더 해보기로 결심하였다. 그리고 비타민 음료 회사의 광고에 응모하였다. "1년만에 그 회사에서 가장 수익이 높은 디스트리뷰터 중의 한 사람이 되었습니다." 러빈은 네트워크 마케팅이라는 자본주의 혁명의 열렬한 전도자가 되었다. 러빈은 말한다. "60년대에 그랬던 것처럼 베이비 붐 세대는 자유를 제일 갈구합니다. 21C에는 네트워크 마케팅을 통해서 그 자유를 성취하게 되리라고 봅니다."

도망가는 세대

"만일 70년대가 자기 중심의 10년이었다면 80년대는 탐욕의 10년이었고, 90년는 도망가는 10년입니다. 베이비 붐 세대는 더 이상 못 참겠어, 내 삶을 마음대로 누리고 싶어, 내 시간을 갖고 싶어, 라고 소리지르며 조직 사회에서 도망갈 것입니다."

러빈은 물론 무엇인가 하고 싶었다. 그러나 그의 세대에 속하는 수많은 사람들에게 있어서 실직이란 선택의 여지가 있는 문제가 아니었다. 그것은 가혹하고 엄연한 현실이었다. 1990년대의 경제적 소용돌이가 지나가고 21세기에는 네트워크 마케팅만이 개인적인 성공을 거두는 유일한 방법이 될 지도 모른다.

파면을 당하기 전에 그만 두어라

유명한 경제 학자인 폴 제인 필저가 말했다.

"1990년대 이후의 화이트 컬러 노동자 해고 사태는 1980년의 블루 컬러 해고 사태와는 비교도 할 수 없을 정도로 엄청난 것이다."

지난 수십년 동안 수많은 사람들이 회사의 합병, 취득, 규모 축소와 공장 폐쇄 때문에 직업을 잃었다. 앞으로 경제 형편이 더 좋아지리라고 안심해서는 안된다. 지금의 경제 상황은 경제주기의 일시적인 쇠퇴가 아니다. 경제의 구석구석에서 큰 변화가 일어나고 있다. 대규모의 장기적 실직이 이 변화의 부산물이다.

공장 생산 라인의 자동화로 해고된 직공으로부터 시작하여 사무실 조직망의 컴퓨터화로 밀려난 중간 관리자에 이르기까지 기술의 발달이 많은 직종을 용도 폐기시켜 버린 것이 그 이유 중의 하나다.

"각종 회사가 종업원 수를 점점 더 줄이는데도 불구하고 같은 양의 제품과 용역을 만들어 내고 있습니다. 생산성은 증가하였는데도 해고하는 인원의 규모는 더 커집니다. 앞으로도 경제는 놀랄 만큼 성장하지만 실직자는 20%나 더 늘어 날 것입니다. 서로 모순된 말 같지만 이것이 현실입니다."라고 필저는 말한다.

영원히 계속되는 불완전 고용

하루 종일 밭에서 일하던 농장 노동자가 수확하는 콤바인과 휘발유로 움직이는 트랙터를 보았을 때 느끼는 절망감을 생각해 보라. 헨리 포드가 자동차를 처음으로 대량 생산했을 당시의 말 장수와 마차 제조업자의 처지를 한번 생각해 보라. 로마 클럽(이탈리아에서 결성된 지식인 집단)에서 말하는 미래의 '비물질적 경제' 에

적응하지 못하는 회사원이나 회사 간부들을 기다리고 있는 운명이 어떤 것인가를 깨닫게 될 것이다.

전문가는 앞으로도 화이트 컬러 노동자의 불완전 고용이 장기화 되리라고 내다보고 있다.

〈포천〉지는 다음과 같이 말하고 있다. "짧게는 2주 길게는 2년의 기간 동안만 일을 하는 회사원이나 전문 직업인 수가 급속히 증가하고 있다. 적어도 12만 5천에 달하는 전문직 종사자가 매일 파트타임으로 일을 하고 있다.

임시직 노동 인구

〈포천〉지가 말하는 임시직 노동에 참여하는 화이트 컬러 노동자의 수가 해마다 증가하고 있다. 임시직, 파트 타임 노동자, 컨설턴트, 자영업으로 구성되는 임시직 노동자의 수가 놀랄 만큼 급성장하고 있는 것이다. 전국 경제계획협회의 경제 담당에 의하면 임시직 노동 인구는 현재 4천5백만에 달하고 있으며, 1980년 이후 57%나 증가하였다고 한다. 〈포천〉지에 의하면 이 숫자는 노동 인구 전체 증가의 3배 이상이 된다고 한다.

화이트 컬러 네트워크 마케팅 산업

불완전 고용 상태의 전문 직업인 중에서 네트워크 마케팅 사업을 바로 시작하는 사람들이 많다. 기술의 발달은 〈포천〉지 선정 5백대 기업에서 근무하고 있는 사람들로부터 직장을 빼앗았는데 바로 그 기술 덕택에 이들은 제3물결 분야에서 새로운 직장을 발견하고 있다.

주식회사 미국에서 버림받은 이 사람들을 채용 모집하려는 대대적인 움직임이 시작 되었다. 맹렬한 출세 경쟁에 싫증이 난 의사, 변호사, 공인 회계사, 증권 거래인, 회사 사장 등이 제3물결 네트워크 마케팅 사업에 눈독을 들이며 뛰어들고 있다.

네트워크 마케팅의 신화적 파괴력

미국 회사들은 이미 네트워크 마케팅에 의해 큰 타격을 입었다.

1987년 미국 전신 전화 기업은 외견상으론 막강한 회사였다. 그러나 5년도 지나지 않아 이 막강한 거대 기업은 장거리 전화 시장의 무려 15%라는 몫을 MCI와 US 스프린트에게 빼앗겼다. 느닷없이 나타난 이 두 회사의 공통점은 무엇인가. 두 회사가 모두 네트워크 마케팅 판매로 용역을 제공한 것이다.

네트워크 마케팅은 오늘날 〈포천〉 50대 회사에 정면으로 계속 공략해 나가고 있다. 미국의 대기업 중에는 네트워크 마케팅과 싸우는 것을 포기하고 이미 조용히 변신해버린 회사들도 많다.

콜게이트 팜올리브, 질레트, 코카 콜라 등의 회사가 일부 제품 분야에서 네트워크 마케팅 판매방식을 하고 있다. 미국 일류의 직접판매회사들도 최고 판매원들을 네트워크 마케팅 경쟁자에게 빼앗긴 후 네트워크 마케팅으로 운영 방침을 바꾸고 있다.

"상품을 소비자의 눈 앞에 직접 전해 주는데 이것보다 더 좋은 방법은 없습니다."라고 US 스프린트사 부장인 윌리엄은 인정하고 있다.

다가온 제3 물결

의심할 여지가 없다. 제3 물결이 왔다.

그 출현에 대해서는 누구나 다 알고 있다. 그 궁극적인 승리는 불보듯 뻔하다. 제3 물결은 미국 회사들을 정면으로 맹공하고 있다. 수천의 TV 채널이 사람들의 관심을 끌기위해 경쟁을 하고 고단위 광고의 그칠 줄 모르는 폭격으로 말미암아 소비자의 마음이 속속들이 무디어져버린 오늘날 오직 네트워크 마케팅만이 소비자의 무감각이라는 보호막을 관통할 수 있을 것이다. 그 영향력은 집집마다 침투할 것이고 그 효과는 모든 회사 중역실에서 뚜렷이 느끼게 될 것이다.

제3 물결의 기초 구조를 구축하려고 일찍부터 서두른 회사들은 앞으로 수십 년 동안 업계의 판도를 지배할 것이다. 그 변화를 유심히 지켜보고 기다리던 네트워크 마케팅 사업가들은 그 기회를 어디에서 포착할 수 있는지 알게 되었다.

미국의 꿈

우리 아이들은 앞으로 끊임없이 낮아지는 생활 수준, 계속해서 규격화되는 사회체제, 성장의 한계 등의 미래를 받아들이지 않을 수 없다고 말한다.

그러나 네트워크 마케팅은 자연의 힘처럼 미국 심장부의 토양과 뿌리에서 솟아나고 있다. 부와 자유와 무한한 지평선을 찾는 사람들에게 이것을 모두 이루게 해 주리라는 굳은 약속을 하면서 미국의 자유 기업 정신은 네트워크 마케팅에 가장 순수하고 구체적인 모습으로 구현되었다. 질풍노도와 같은 이 네트워크 마케팅의 세계에는 앞으로도 많은 시련과 희망이 기다리고 있으리라고 본다.

제 2 장

자기 자신을 알라

1994년 4월 NBC TV의 인기 프로그램 '704 하우저'는 방영을 시작하자 사람들의 입에 오르내리는 화제거리가 되었다. 제작자 노먼 리어가 흑인 보수주의자인 암스트롱 윌리엄즈라는 실존 인물을 모델로 하였다는 사실을 알고 있는 시청자들은 거의 없었다.

"나는 노먼 리어와 매일 이야기를 나눕니다."라고 윌리엄즈는 말한다. "각본이 항공편으로 도착하면 내 의견을 팩스로 보냅니다. 우리는 자유 토론도 합니다. 내가 쉴새없이 세 시간 동안 이야기를 하면 TV 제작진이 그걸 녹음합니다."

윌리엄즈는 명성과 거리가 먼 사람이 아니다. 워싱턴에 있는 WOL-AM 라디오에서 방송하는 그의 '오른쪽'이라는 토크쇼는 오랫동안 전국 최고의 인기프로로 자리를 지켜왔다. 그리고 그의 평론 기사는 〈USA 투데이〉, 〈뉴스데이〉, 〈월 스트리트 저널〉의 서명 기사 페이지에 단골로 실렸다. 윌리엄즈는 자수성가한 백만장자다. 조지타운에 있는 성업중인 홍보회사 그레이엄 윌리엄즈사를 동업자인 스테드맨 그레이엄으로부터 사들이기도 했다. 그러나 윌리엄즈는 처음부터 이렇게 돈을 잘 벌고 아는 사람들이 많았던 것은 아니다.

"네트워크 마케팅 사업이 시동을 걸어 주었지요. 지금도 네트워크 마케팅에서 번 돈의 덕을 단단히 보고 있습니다. 나의 다운라인에 있었던 사람들의 인맥을 이용하여 사업과 정치적 연줄도 전국적으로 맺어 나갑니다."

윌리엄즈는 1980년대 중반에 한동안 번성했던 한 다이어트사의 네트워크 마케팅 회사의 디스트리뷰터로 일을 하여 생전 처음으로 큰 돈을 벌었다. 이 네트워크 판매는 인격을 단련시켜 주었으며 돈 이상의 것을 주었다. 그는 앞으로 다가올 큰 시련과 그리고 큰 성공을 위해 심신을 미리 단련시켜 놓았던 것이다.

윌리엄즈가 처음으로 전파를 탔을 때만해도 애국, 도덕, 근면 등의 미덕을 강조하는 아프리카계 미국인 방송인은 별로 없었다. 방송을 할 때마다 '배반자', '엉클 톰', '백인편', '민족 반역자' 등의 비난 전화가 빗발쳤다.

윌리엄즈는 말한다. "내 생각이 과연 옳을까 하는 회의가 생기기 시작하였습니다. 정신적으로 큰 충격을 받았지요. 잠이 도무지 안 왔어요. 낮 근무에도 지장이 많았습니다. 방송국 직원들에게 더 이상 못하겠다고 말했지요."

그러면서도 윌리엄즈는 버텼다. 이렇게 견디어 낸 것은 네트워크 마케팅 경험 덕분이었다.

윌리엄즈는 말한다. "네트워크 마케팅을 하려면 창의성이 풍부해야 합니다." "자신을 잘 파악하고 사람들이 무어라고 말하건 굳은 신념으로 밀고 나가야 합니다."

윌리엄즈는 방송국 스튜디오에 들어갈 때마다, 이전에 디스트리뷰터를 하던 시절 밤늦게까지 사람들에게 자기 다운라인이 되라고 권유하던 일을 생각해 본다.

"네트워크 마케팅을 하면서 인내심을 갖고 사람을 대해야 한다는 것을 배웠습니다. 마지막까지 참고 견뎌야 합니다."

매일같이 전화를 걸어 라디오 프로에 대한 욕설을 퍼부으며 그를 못살게 구는 사람들은 왕년에 자기가 네트워크 마케팅에 가입시키려고 애를 썼던 그 사람들과 별 차이가 없다는 것을 깨달았다.

자기 처지가 속이 상하고 자기 실패에 낙심하여 어떻게 해서든 거기서 벗어나려고 아등바등하는 사람들이었다. 네트워크 마케팅을 하다 보니까 처음에는 "피라미드 사기다!", "착취다"라고 시끄럽게 떠든 사람들이 나중에 가서는 가장 열성적인 판매원이 되는 일이 많았다.

라디오 시청자라고 이와 다를 까닭이 무엇이겠는가 "방송을 하기 위해 스튜디오로 들어갈 때마다 내 현재의 처지를 생각해 봅니다. 그리고 나를 비난하는 사람들은 어떻게 살고 있는지 살펴보게 됩니다. 그러면 내가 하고 있는 일이 옳구나 하는 생각을 갖게 됩니다. 비난 전화를 받았을 때 그 사람들에게 어떻게 생계를 꾸려나가고 있느냐고 물어 봅니다. 복지 원조 수당을 받고 있거나 실직자들이 대부분 이더군요."

시청자들에게 무엇인가 값어치 있는 내용을 전해 주고 있다는 확신을 윌리엄즈는 가지고 있다. 시청자들이 그것을 늘 듣고 싶어하지는 않더라도 이런 신념 때문에 시청자의 모욕을 꾹 참고 자기 생각을 계속 전파에 싣고 있다. 매주 '704 하우저'를 통해 윌리엄즈 의 의견을 귀담아 듣는 시청자들의 숫자는 이제 수백만에 달한다. 앞으로도 비난 전화를 많이 받게 될 것이다. 그러나 그의 방송을 경청하는 사람들의 숫자는 이보다 훨씬 더 많다.

필요한 자질을 갖추고 있는가

네트워크 마케팅은 특별한 재주나 기능을 필요로 하지 않는다. 대학 학위나 어떤 '백'도 필요 없다. 돈도 많이 필요하지 않다. 필요한 것이 하나 있다면 그것은 확고한 신념의 힘이다.

네트워크 마케팅으로 성공한다는 것은 가장 힘든 일 중의 하나다. 수없이 밤을 지새우거나 성과가 부진해서 보수도 없이 일을 하거나 기진맥진한 다음에야 비로소 희망의 서광이 비치는 수가 흔하다. 어떤 때는 친구, 친척, 심지어 배우자의 모욕과 비난도 감수해야 하는 일이 비일비재하다. 대부분의 사람들은 목적에 도달하기 전에 떨어져 나가 버린다.

그러나 선택받은 소수의 사람들은 마침내 성공을 거둔다. 윌리엄즈처럼 꾸준히 한 우물을 파다가 마침내 돈 이상의 것을 챙기게 된다. 이들은 살아가는 동안 네트워크 마케팅을 통해 얻은 경험, 힘, 그리고 자신감의 덕을 보게 된다. 이들은 남들이 못한 일을 해낼 수 있으며 인간 성취의 최고 경지에 이른 엘리트라고 할 수 있다.

제3 물결 태도

그렇다면 제3 물결은 어떠한가. 자동화와 새로운 경영 방식이 네트워크 마케팅을 단순화하고 사업을 더 용이하게 하였다고 앞서 말한 바 있다. 그건 사실이다. 그러나 아무리 자동화를 한다 하더라도 인간의 노력이 전혀 필요없게 되지는 않는다. 네트워크 마케팅을 움직이게 하는 것은 궁극적으로 사람이기 때문이다. 제3물결 조직에 있어서는 여러 종류의 보조 시스템이 인간의 결점을 보완해 준다. 그러나 역설적으로 이와 같은 보조 시스템은 생산의 지연과 생산성 저하에 대해서는 어떠한 변명도 할 수 없게 한다.

제3 물결 디스트리뷰터는 직접 얼굴을 맞대고 물건을 판다는 가혹한 도전에 직면하는 시간과 기회가 전 세대의 네트워크 마케팅 사업가보다 훨씬 많다. 이와 같은 특권과 함께 닥쳐오는 시련을 용감하고 결단력 있게, 그리고 낙천적으로 맞서야 하는 책임 또한 크다. 변화무쌍한 오늘날 기술의 발전은 산업화 세계에 있어서 인간의 역할이 무엇인가에 대하여 회의를 갖게 한다.

다른 어떤 직업인보다도 제3 물결 디스트리뷰터들이 '인간적인 요소'가 과연 어떤 일을 할 수 있는가를 보여줘야 한다.

우리 조상들을 자기 고장에 눌러 앉아 늘 하던 일을 하도록 하는 게 편했는데도 불구하고 위험한 대서양의 파도를 무릅쓰고 미국으로 건너오게 만든 것이 바로 이와 같은 제3 물결 태도이다.

자동화된 우주 탐색기로 어렵지 않게 실험용 암석을 가져 올 수 있는데도 불구하고 사람들이 달까지 찾아 간 것이 바로 제3 물결 태도이다. 기술은 그것을 이용하여 보다 높은 수준의 노력과 성취를 얻게 하는 수단이 된다면 인간의 일시적이고 불충분한 목발 역할에만 그치지는 않을 것이다.

"기술의 진짜 목적은 인간의 창조력을 풀어 주는 데 있다. 기술은 사람이 시키는 대로 잡일을 하고 서류를 다루는 사무를 보고 정보를 처리한다. 그 결과 인간은 자기가 제일 잘 하는 일을 마음껏 할 수 있게 된다"라고 전 우주 비행사였던 에드거 미첼이 말했다.

알맞는 특성

옛날 그리스 사람이 아폴로 신의 탁선을 받기 위해 델피 신전에 갔더니 신전 대문에 "너 자신을 알라"라는 불가사의한 충고가 적혀 있는 것을 보았다. 네트워크 마케팅이라는 '의식'에 참여하기를 원하는 '신참'에게도 이 충고는 딱 들어 맞는 말이다.

제3 물결의 등장으로 인한 네트워크 마케팅에서 성공을 거두려면 최고 판매원이거나 일류 웅변가가 될 필요는 없다. 제3 물결의 태도를 기르기만 하면 된다. 자기 마음 속을 살펴 보라. 네트워크 마케팅에 성공하는 데 필요한 개인적인 특성의 체크 리스트와 그것을 찾아내는데 필요한 길잡이를 다음에서 설명하겠다.

이와 같은 특성을 가지고 있지 않다고 해서 실망할 필요는 없다. 열심히 노력만 하면 누구나 이것을 가질 수 있다.

첫 번째 특성: 적극적인 태도

네트워크 마케팅에서 성공하려면 적극적인 성격의 소유자여야 한다. 다그치고 밀어붙이지 않고서는 물건을 팔 수도 없고 새로운 다운라인을 구할 수도 없다. 역경이 밀어닥치기만 하면 사업이 처지고 망해 버린다.

UCLA의 농구 코치로 명성을 떨친 존 우든의 말처럼, 산전수전 다 겪은 네트워크 마케팅 사업가는 문제를 회피하지 않고 문제에 과감히 맞서야만 성공을 거둘 수 있다는 것을 잘 알고 있다.

우든은 말한다. "사태의 변화를 최대한으로 이용하려는 사람들만이 성공을 거둘 수 있다."

리처드 브루크는 모든 것을 부정적으로만 생각하는 사람의 전형이었다. 부모는 대학교육을 받은 살림이 넉넉한 캘리포니아 목장 경영자였다. 만사를 비관적으로만 보는 리처드의 인생 태도는 인생 초반에서부터 실패를 하게끔 운명지어졌다고 할 수 있다.

리처드는 말한다. "우리 부모는 내가 17세였을 때 이혼을 하였지요." "나는 학교가 싫었어요. 공부도 하지 않았고 학교 수업을 많이 빼먹었습니다. 평균 D학점으로 겨우 고등학교를 졸업하였기 때문에 대학 갈 생각은 아예 하지도 않았습니다."

얼마 동안 리처드는 삼림 감시원이 될 생각을 해 보았다. 그런데 어떤 삼림 감시원이 취직을 하려면 대학 졸업장이 우선 필요하다는 것을 알려 주었다. 대학을 졸업한다 하더라도 매년 3천명의 응모자 중 3백명만이 이 직업을 가질 수 있다는 것이었다.

"그 말을 듣자마자 나는 도저히 그 3백명에 낄 수 없다는 생각이 들었습니다."

리처드의 생각은 옳았다. 자신이 그 일을 도저히 할 수 없다고 생각했기 때문에 못한 것이다.

헨리 포드는 말한다. "당신이 그 일을 할 수 있다, 또는 할 수 없다. 어느 쪽으로 생각하던 당신은 옳다."

리처드는 식품회사 일반 작업장에서 시간당 3달러 5센트를 받고 닭고기를 썰며 4년이란 세월을 보낸 다음, 네트워크 마케팅을 해보기로 작정하였다. 자동차 주행거리를 늘리는 휘발유 첨가제를 판매하는 회사에 입사하였다. 이 회사에서 네트워크 판매원 일을 열심히 하였다. 그러나 3년이 지나도 1년에 4천 달러밖에 벌지 못했다. 무엇이 문제였을까?

나중에 깨달은 일이지만 일류 네트워크 마케팅 사업가가 되려는 데는 두 가지 중요한 특징이 있다는 것을 알았다.

첫번째는 의욕이다. 이것은 그에게 전혀 문제가 되지 않았다. 넘쳐흐르는 의욕이 있었다. 보다 나은 삶을 영위하려는 의욕 하나로 열심히 그 일을 하였다.

두번째 특징이 없다는 것이 리처드에게 문제가 되었다. 리처드는 전혀 그런 자질이 없었다. 이것 때문에 그는 좌절한 것이다.

그럼 두번째 특징은 무엇인가? '성공 지향 태도다.'

워싱턴에 본사를 둔 옥시프레시 USA 사장이 된 리처드는 말한다. "자기 자신을 이미 성공한 사람처럼 생각하는 적극적인 사고방식이다." 라고.

물론 대부분의 사람들은 처음부터 이와 같은 적극적인 사고방식을 가지고 있지 않다. 리처드도 처음에는 남보다 더 심했다. 성공 지향적이고 적극적인 사고방식을 가지려는 마음이 도무지 없었다. 이래 가지고는 중도에서 포기할 수밖에 없다.

처음으로 동기유발에 관한 설명을 들었을 때 리처드는 반발을 느꼈다. 그 연료 부가제 회사의 직원 연수회 강사는 자기 목표의 리스트를 종이에 적게 한 다음 나폴레온 힐이 쓴 〈생각해서 부자가 되라〉라는 동기유발에 관한 책을 공부해 보라고 권하였다.

"이 책과 그밖에 이와 비슷한 책을 읽고 성공한 사람들의 말을 테이프로 들어보면 사람들의 사고방식을 따르게 될 것이다. 이 사람들의 사고와 신념이 자기 것이 되면 그들처럼 성공을 거둘 수가 있다."

"설마 그럴려고?" 리처드는 생각했다.

성공이란 자신의 사고방식과는 전혀 관련이 없다는 것을 리처드는 알고 있었다.

대학에서 올 A를 받고 자기의 전화번호부와 명함박스를 유명인의 이름으로 가득 채워야만 성공할 수 있다는 것을 누구나 잘 알고 있다.

리처드는 그 책을 읽어보긴 했다. 처음에는 읽기가 아주 싫었다. 마치 그리스어로 쓰여 있는 것처럼 생소했다. 그 얄팍한 책을 읽는 데 1년 이상이 걸렸다. 다른 사람들 같으면 며칠 사이에 다 읽을 수 있는 분량의 책이었다.

"읽기가 참으로 힘들었습니다." "그 책에 담겨 있는 생각은 나의 생각과 엄청나게 달랐기 때문입니다. 그 생각을 받아들일 수 없었지요. 그 책과 나는 극이 다른 자석처럼 서로 반발했고 물 위의 기름처럼 서로 섞이지 않았습니다."

반발을 느낀 그 책의 내용을 제대로 알았더라면 좋았을 텐데…

금세기 초 철강왕으로 명성을 떨쳤던 앤드루 카네기는 열심히 뛰어 다니던 젊은 신문기자 나폴레온 힐에게 자신의 성공 비결을 일러주었다. 그후 힐은 20년 간에 걸쳐 티오도 루즈벨트, 토마스 에디슨 등 5백명이 넘는, 돈을 많이 벌고 성공한 사람들과 인터뷰를 하여 이들의 성공 비결을 캐냈다. 이 대규모 조사 연구의 결과 힐의 고전적인 명저인 〈성공의 법칙〉(1928년)과 〈생각하고 부자가 되라〉(1937년)에 집대성되었다. 조사 연구한 결과가 이 책에 잘 담겨 있다. 힐은, 크게 성공을 거둔 사람들은 아주 단순한 한 가지 원리를 잘 지켰기 때문에 성공하였다는 것을 알았다. 이 원리 하나만이 거지를 백만장자로 만드는 힘이다.

그러나 닭고기를 자르는 일에 종사했던 리처드는 귀를 기울이려

하지 않았다. 자기가 더 잘 안다고 생각하였다.

리처드는 일생동안 자기에게 생명을 주는 이 정보를 거들떠보지 않고 살았을 지도 모른다. 흔히 있는 일이지만 리처드는 자신이 겪은 위기 때문에 다시 살아났다. 사람은 궁지에 빠지면 그곳에서 벗어나려고 바둥바둥 애를 쓰게 마련이다. 리처드는 힘들여서 그 방법을 찾아냈다. 큰 절망에 빠졌던 것이 마침내 그에게 구원을 갖다 주었던 것이다.

네트워크 마케팅 사업을 시작한 처음 3년 동안 리처드는 커트 로브라는 사람의 정신적인 후원을 받았다. 로브는 리처드가 다닌 네트워크마케팅회사의 수석 세일즈 강사였다. 리처드는 그를 숭배하였다. 강의 시간에는 로브의 입에서 나오는 말 한 마디도 놓치지 않고 그 교훈을 얻으려고 귀를 기울였다. 리처드가 침체되었을 때마다 로브는 용기를 북돋아 주곤 했다.

리처드는 말한다. "로브는 나의 희망이었습니다." "가까이에 로브가 있다는 생각이 내 마음을 안정시켜 주었습니다."

그러나 어느날 로브는 죽었다. 하와이 해변에 서 있었는데 난데없이 파도가 그를 덮친 것이다. 머리가 바위에 부딪쳤고 그는 익사해 버렸다. 리처드는 허탈감에 빠졌다.

"두 가지 중 한 가지를 선택해야 된다는 것을 알았습니다. 훌륭한 지도자를 잃었기 때문에 회사를 그만두거나 그가 가르쳐 준 것을 실천에 옮겨서 그의 뜻을 받드는 것 중 하나를 선택해야 했습니다."

그때까지 리처드는 일생동안 공부를 하는 학생이라고 생각했다. 로브가 가르쳐준 여러 가지 세일즈 기술을 실제로 사용하지 않고 늘 미루어 왔다. 아직도 배울 게 많다고 생각했기 때문이다. 그러나 이제 선생은 가고 없다. 이젠 더 기다려야 할 핑계도 없어졌다. "무언가 해 내려면 그건 이제 내게 달려 있다."

리처드는 제 발로 섰다. 공포와 절망에 쫓기어 자기 인생의 계획을 세우기 시작하였다. 로브가 그렇게 하라고 여러 해 전에 가르쳐 준 일이었다. 나폴레온 힐 책을 매일 한 장(章)씩 읽고 일과를 시작하였다. 그밖에도 동기유발에 대한 책을 읽거나 테이프를 듣고 스스로 마음을 다그쳤다. 리처드는 하루 종일 적극적인 어귀를 되풀이 하면서 자기 잠재의식이 성공을 기대할 수 있도록 훈련하였다. 밤에는 잠자리에서 눈을 감고 세일즈의 성공을 상상해 보았고 자기 다운라인에 유능한 디스트리뷰터를 가입시켜 현금을 갈퀴로 긁어모으는 꿈을 그려보기도 했다.

어떤 때는 바보가 된 것처럼 느껴졌다. 이게 진짜 나일까? 영원한 회의론자이며 영원한 냉소주의자였던 내가, 여러 해 동안 비웃고 흉보았던 정신나간 적극적인 사고론자처럼 나도 행동하고 있는 것이 아닌가?

사실 그는 그렇게 행동하고 있었다. 그리고 얼마 안 가 그 새로운 방법은 열매를 맺기 시작했다. 그것도 커다란 열매를. 그는 새 인생관을 이렇게 표현하였다.

"자기가 지향하는 바가 어디인가를 말이나 행동으로 분명히 보여주는 사람에게 세상은 자리를 비켜준다(나폴레온 힐)."

나폴레온 힐이 말한 간단한 성공 비결, 그것을 리처드는 깨달았다. 목표 설정의 힘이라는 것이었다.

리처드는 이렇게 말한다. "대부분의 사람은 목표 설정과 의욕을 혼동합니다." "원하는 일을 써내려 가면 그것이 목표 설정이라고 사람들은 생각하지만 사실은 그렇지 않습니다."

리처드에 의하면 의식하고 있거나 의식하지 않거나 간에 사람은 누구나 목표를 설정하고 그것을 향해 가고 있다. 그러나 진짜 목표는 꼭 자기가 원하는 것만은 아니다. 자기가 기대하는 것들이다.

리처드가 처음으로 자기 다운라인을 만들기 위해 노력하고 있을 때, 그는 부자가 되고 성공하고 싶었다. 그러나 자신은 실패하리라는 생각을 했다. 그의 무의식이 이와 같은 목표를 설정한 것이다. 이렇게 설정된 목표가 몹시 낙심하게 만들었다.

"처음으로 누군가를 다운라인으로 가입시키려 할 때 대충 이런 식으로 말했습니다. 저, 이 일에 관심이 있을지 잘 모르겠습니다만 파트 타임으로 돈을 벌 수 있는 일이 있는데 좀 들어보시겠어요..."

리처드는 마음 속 깊숙히, 정신나간 사람이 아니라면 어떻게 내 다운라인으로 가입을 하겠는가 라고 생각했다. 그 결과는 뻔했다. 다운라인 가입자는 거의 없었다. 그 몇 안되는 사람도 뛰어난 성적을 올리지 못하고 얼마 안 가서 떨어져 나갔다. 아무리 노력을 해도 '대어'를 낚을 수가 없었다. 자기 스폰서에게 떼돈을 벌게 하는 A급 세일즈 디스트리뷰터를 만들 수가 없었다.

그러나 차차 자기 사고방식에 대한 주도권을 잡기 시작하고 부정적인 생각이 솟아오를 때마다 이것을 억누르고 의식적으로 이것을 물리치자 새로운 일이 생겨났다. 그의 목표가 변화하기 시작했고 성공도 기대하게 되었다.

이 무렵 리처드는 제리 슈오브를 만났다.

리처드는 긍정적인 기대를 가지고 늘 하던 방식대로 사업에 대해 설명을 시작했다. 슈오브는 사업 이야기를 듣더니 "나는 할 수 있습니다. 어떻게 해야 되는지만 가르쳐 주십시오." 그는 비호 같았다. 그 다음 해에 슈오브는 수백명을 다운라인으로 끌어 모았다. 그 한해 슈오브의 판매로 리처드가 받은 수수료가 무려 10만 달러에 달하였다.

말할 필요도 없이 리처드의 자신감은 하늘로 치솟았다. "그 다음 해에도 열심히 뛰어서 제리 슈오브와 같은 디스트리뷰터를 서너명 더 구했습니다." 리처드는 신규회원 모집에 도사가 되었다. 그렇다고 새로운 테크닉을 쓴 것도 아니었다. 지난 4년 동안 해 왔던 똑같은 세일즈 기회를 제공하였을 뿐이다. 한 가지 변화가 있다면 그것은 리처드 자신이었다.

"전에는 상대방에게 확신을 주지 못하고 내 말에 회의를 느끼게 말을 했습니다. 사람들은 무엇인가 잘못 된게 아닌가 생각하고 핑계를 대며 도망가 버립니다. 그러나 이제 나는 힘있게 말합니다. 사람들은 나의 말보다도 나의 자신 있는 태도에 더 주의를 기울입니다." 리처드는 서른 살이 되기 전에 처음으로 백만 달러를 벌어들였다. 올란도 호수가에 있는 저택을 20만 달러에 구입하였고 4만 달러 짜리 고급 자동차도 구입하였다.

리처드는 말한다. "성공엔 비결이 없습니다." "그 성공의 비결은 수백년 전부터 있었던 것입니다. 그걸 사용만 하면 됩니다."

이 이야기가 주는 교훈은 무엇인가. 적극적인 사고를 가지고 태어나지 않아도 된다는 것이다. 리처드가 놀랄 만한 인간 변신을 통해 증명한 것처럼 적극적인 사고란 후천적으로 획득할 수 있는 특성이라는 것이다.

두 번째 특성: 배우는 능력

제3 물결 네트워크 마케팅 사업가의 두 번째 특성은 '학습하는 능력' 이다.

처음으로 네트워크 마케팅에 참가하는 사람들 중에는 그 기본 원리를 터득하기도 전에 그만두는 사람들이 많다. 네트워크 마케팅은 다른 전문직과 마찬가지로 이것을 배워서 터득해야 된다는 것을 이해하지 못한다. 네트워크 마케팅에 있어서 과거의 경험이란 거의 쓸모가 없다. 과거에 아무리 크게 성공했다 하더라도 스폰서의 가르침을 귀담아 듣고 기본 원리를 완전히 깨우칠 때까지 교육 프로그램에 충실하여야 한다.

'마크 야넬' 은 말한다. "지금 훌륭한 업적을 올리고 있는 네트워크 마케팅 사업가도 처음 시작했을 때에는 다 형편없는 사람들이었습니다. 내 경험에 의하면 과거에 다른 사업에서 성공한 사람들이 디스트리뷰터로서는 가장 형편이 없었습니다. 업라인에 있는 사람의 말을 잘 듣지도 않고 그런 건 다 잘 안다고 생각하기 때문입니다."

야넬은 전자부품회사 사장을 회원으로 가입시킨 적이 있다. 그 사람은 훌륭한 발명가였고 사업가였으며 업계의 유력인사를 수없이 많이 알고 있었다. 그러나 네트워크 마케팅에 대한 지식은 전혀 없었다.

"내가 처음에 이 사람에게 일러준 말은 상류층 친구나 동료들에게 이 사업에 참여할 것을 권유하지 말라는 것이었습니다. 충분한 교육을 받은 다음 처음으로 모집한 사람과 나, 셋이서 삼자 모임을 가질 때까지 기다리라고 했습니다."

삼자 모임은 제3 물결 네트워크 마케팅의 중추가 된다. 새로 가입하는 사람에게도 편리하다. 참가 희망자를 데려와서 스폰서를 만나게만 해주면 된다. 스폰서는 이 경우에 '마크 야넬' 이다. 마크 야넬이 판매에 대한 모든 일을 한다. 그걸 보고 배우기만 하면 되는 것이다.

그러나 그 사람은 충고를 무시해 버리고 일을 아주 힘든 방향으로 만들어 버렸다. 자기 지인 중에 가장 성공한 사람을 곧바로 찾아가 자신의 네트워크에 참가하기를 권했던 것이다. 자기 자신도 그 사업에 대해 잘 알지 못했기 때문에 몇 가지 뻔한 질문을 받고도 제대로 답변하지 못하면서 말이다.

그 사람은 친구들이 '자네는 바보야' 라고 말하자, 그 말을 곧이 듣고 아차 엉뚱한 사업을 시작했구나 하고 30일 만에 그만둬 버렸다.

제3 물결 네트워크 마케팅은 종래의 판매 방식보다 기술적으로 훨씬 쉽다. 그러나 여기에는 인격의 힘이 많이 작용한다. 스폰서의 교육을 겸허하게 받아들이지 않고는 아무리 첨단 기술 서비스와 고급 경영 방식을 사용한다 해도 성공할 수가 없다. 제3 물결 마케팅 시스템을 믿고 스폰서의 충고를 성실히 받아들여야 한다.

세 번째 특징: 관대

"원하는 것을 얻을 수 있도록 많은 사람들을 잘 도와주면 당신 자신도 인생에서 모든 것을 얻을 수 있다." 지그 지글러의 말이다.

수천 년이라는 세월에 걸쳐 성인들은 '수확의 법칙' 이 성공에 이르는 가장 확실한 길이라고 우리에게 가르쳐 주었다.

수확의 법칙이란 농사를 짓는 사람이 자기가 씨를 뿌린 것 이상으로 거둬들인다는 것을 말한다.

네트워크 마케팅도 농사를 짓는 것과 같다. 부를 얻으려면 자기 시간과 배려와 동정심을 아낌없이 남에게 주어야 한다. 차차 자라나는 다운라인 안에 있는 사람이 시도 때도 없이 밤중에 전화를 걸어 도움을 요청하거나 조언을 구할 때, 화를 벌컥 내거나 전화를 성의없이 받지 않아야 마음이 따뜻하고 관대한 사람이라고 할 수가 있다.

윌리엄즈는 자기 호주머니 돈을 털어 다운라인 사람들의 이름으로 제품을 구입하곤 하였다. 이 사람들이 더 많은 수수료를 받을 수 있게 하기 위해서였다.

윌리엄즈는 말한다. "다운라인에 있는 사람들이 항상 외롭지 않다는 것을 느끼도록 노력하였습니다." "그들을 지원하는 방법을 마련하였지요. 집 전화번호와 직장 전화번호를 가르쳐 주고 필요할 때는 언제나 나에게 전화를 해도 좋다고 말해 주었습니다. 모임을 마련하기만 하면 언제든지 그곳에 가서 판매 방법에 관해 설명을 해 주겠다고 말했습니다. 혼자서 사업을 하고 있다는 생각을 하지 않기를 바라기 때문입니다."

수확의 법칙대로 윌리엄즈는 다운라인에 주었던 것보다 훨씬 더 많은 것을 되받았다. 처음 6개월만에 7만 달러를 벌었을 뿐만 아니라 일생 동안 지속되는 충실한 친구와 사업 동료로 구성된 조직망을 만들었다.

네 번째 특징: 두꺼운 낯가죽

경제계에 제3 물결이 차차 틀이 잡혀감에 따라 네트워크 마케팅에 관한 이미지도 많이 개선되었다. 그런데도 불구하고 아직도 네트워크 마케팅 사업가는 친구나 가족들로부터 서운한 일을 수없이 당하고 또 이것을 견뎌 나가야 된다.

네트워크 마케팅을 시작했다는 말을 하면 놀려대는 사람이 아직도 많다. 최악의 경우에 대비해라. 무소 가죽처럼 낯이 두꺼워야 한다. 그리고 비판을 받는다는 것은 남에게 강한 인상을 주었다는 확실한 증거라는 것을 언제나 잊어서는 안된다.

톰 피녹이 작가 생활을 그만두고 네트워크 마케팅에 주력하려고 결심하자 작가 동료들은 아연실색하였다.

피녹이 기자로 근무하고 있던 신문사의 편집장 한 사람이 이렇게 말했다. "자네가 그런 사기꾼이 될 줄은 정말 몰랐네, 톰 피녹."

피녹은 그 때를 회상하며 다음과 같이 말한다

"아버지도 충격을 받고 실망하였습니다. 네트워크 마케팅 스폰서가 우리 집 차고에 제품을 산처럼 쌓아 놓게 한 다음, 나는 경찰의 맹렬한 추격을 받으며 멀리 도망칠 것이라고 아버지는 생각하셨지요. 가족이나 친척 모두가 그렇게 생각했습니다. 성실한 사업이라는 것은 아무도 믿지 않았습니다."

그러나 피녹은 그들이 잘못 생각하고 있다는 것을 알고 있었다. 기자로서 일주일내내 일하고 1년에 겨우 3만 달러밖에 받지 못하였다. 기사 취재 하랴, 마감시간 맞추랴 허둥지둥 밤늦게까지 집에 들어가지 못했다. 피녹은 아이들이 잠을 자고 있을 때 출근했다가 저녁에 퇴근하면 곤히 잠들어 있어 애들에게 낯선 사람이 되었다.

피녹은 말한다.

"이런 생활에 나는 속이 상했습니다. 내 생활의 주인이 되어 내가 하는 일에 대해서 남에게 책임을 지우고 싶지 않았습니다. 직장에서 어떤 옷을 입어야 되고 휴가는 언제 가야 되며 점심은 언제 먹어야 한다는 등 이런저런 지시를 받는 것이 아주 싫었습니다."

마침내 피녹은 큰 도박을 했다. 네트워크 마케팅 디스트리뷰터가 되는 계약서를 작성하였다. 그 회사는 영양보조식품을 파는 회사였으며 이 도박은 굉장한 성과를 가져다 주었다. 피녹의 아버지와 옛날 동료들은 은근히 빈정거렸지만 사업은 합법적일 뿐만 아니라 돈벌이도 좋았다.

피녹은 첫해에 10만 달러를 벌어들였다고 한다. 최고 네트워크 마케팅 사업가에게도 첫해 실적으로는 예외적인 액수다.

비웃던 친척들도 피녹이 3천3백 평방 피트 집과 벤츠 스포츠 카의 할부금을 내는 것을 보고 입을 다물었다. 피녹이 식구들을 모두 데리고 출장 휴가차 비행기를 타고 멕시코, 뉴질랜드 등 이국적인 정취가 풍기는 곳으로 여행가는 것을 보고 믿지 못하겠다는 듯이 머리를 긁적거리기도 했다. 그는 이들 지역에도 해외 다운라인을 구축하고 있었던 것이다.

다른 집 아버지들은 직장에서 근무를 하고 있는 평일에 피녹은 아이들을 데리고 동물원 구경을 갔다.

"이런 모습을 보자 사람들은 '생각했던 것보다 아주 똑똑하군.' 이라고 말합디다." 라고 피녹은 말한다.

가장 가까운 친척들도 이제는 피녹의 다운라인에 가입했다. 이 중에는 이 사업을 통하여 한 달에 2천 달러씩 벌어 퇴직 연금에 보태쓰는 아버지도 있다. 피녹의 다운라인은 2만 명으로 증가하였으며 1년에 약 30만 달러를 벌어들인다.

피녹은 처음 시작할 때 일을 잊시 않고 있나. "그 비난은 내게 상처를 주었습니다." "사람들이 당신을 믿지 않으면 자신도 의심이 생기게 됩니다. 그들을 멀리하지 않으면 안되었지요. 그 사람들 앞에서는 사업 이야기를 하지 않았습니다. 내가 옳다는 것을 실적으로 증명하지 않으면 안되었기 때문이지요."

다섯 번째 특징: 열성

네트워크 마케팅에서는 열성이 넘치는 사람만이 성공하게 된다. 열성을 다하는 척할 수는 없다. 자기 사업에 진정한 긍지를 가져야 된다. 자기 자신이 네트워크 마케팅 사업에 열의를 갖지 않고 어떻게 다른 사람에게 열의를 갖도록 할 수가 있겠는가.

마크 야넬은 말한다. "어떤 사람이 이 사업에 성공할 수 있는지 당장에 말할 수 있습니다. 그것은 얼마나 열성이 있는가를 보기만 하면 됩니다. 설명회를 들은 바로 다음 날 전화를 걸어 '마크, 어제 밤엔 그 생각 때문에 한잠도 못 잤어. 흥분이 되어 더 참을 수가 없어.' 이런 사람은 틀림없이 성공한다고 나는 보증합니다."

정력적인 사람만 열성을 다하는 것이 아니다. 제품에 대한 확신이 꼭 있어야 한다. 팔고 있는 제품을 다른 사람이 원하고 필요로 한다는 굳은 신념이 있어야 열성이 생겨난다. 파는 물건이 값만 비싸고 쓸모 없다는 생각이 마음 속에 서려 있으면 열성은 사라져 버린다. 좋은 제품을 싸게 제공하는 회사를 선택하라. 힘이 저절로 솟아나게 될 것이다.

여섯 번째 특징: 추진력

벼락부자가 될 방법을 찾고 있다면 상품에 투자하는 것이 낫다. 네트워크 마케팅은 벼락부자를 만들어 주는 데가 아니다.

대부분의 최고 네트워크 마케팅 사업가들은 뼈를 깎는 듯한 노고와 잠 못 이루는 길고 고통스러운 밤을 지낸 후에 현재의 위치에 이른 것이다.

패트 늎린은 남편이 수입이 많은 사업가 겸 변호사여서 호강을 하며 살았다. 4,896평이나 되는 대지에 1,800평 저택에서 살았다. 이 집에는 테니스 코트와 마구간, 입주 가정부들, 벤츠 2대, 그리고 자가용 비행기가 2대나 있었다. 그런데 모든 것이 끝장나고 말았다. 남편의 사업이 실패하며 몽땅 물거품이 되었다. 부부는 결국 이혼을 하고 말았다. 늎린은 별안간에 굶주린 네 아이를 거느린 외로운 어머니 신세가 되었다.

늎린은 그때 일을 회상한다. "나는 무일푼이었습니다. 전에 학교 교사를 한 적이 있었지만 16년 동안 손을 떼고 있었지요. 사업 경험은 전혀 없다고 할 수 있고요. 지금도 가계수표 결산을 할 줄 모릅니다."

늎린은 네트워크 마케팅 사업을 해보겠다는 결심을 하고 계약을 한 후 밤낮으로 때를 가리지 않고 일을 했다. 여러 가지 이유로. 자기 고향인 텍사스 오스틴보다 캘리포니아가 사업적으로 더 유리하다는 것을 알고 일을 한 결과 캘리포니아에서 그의 다운라인이 급속히 성장 하여 처음 몇 달 동안은 캘리포니아로 통근을 하였다.

캘리포니아에 머무르고 있을 때에는 큰 딸이 동생들을 보살펴야 했다. 늎린은 가족을 돌보지 못해 마음이 아팠다.

"아이들과 함께 보내는 시간을 많이 희생시켜야 했습니다. 학교 행사에도 참가하지 못했고, 축구시합과 응원하는 모습도 보지 못한 것이 매우 가슴 아파 습니다. 소녀단 활동에도 참가할 수 없었지요. 그러나 어떻게 해서라도 사업에 성공해야겠다고 결심했습니다. 아이들을 먹여 살려야 했기 때문이었지요. 오직 이것 때문에 나는 사업에 계속 매달렸습니다."

사업을 시작한 지 6개월 후에 최악의 사태가 벌어졌다. 도둑이 들어 몽땅 털어 갔던 것이다. 몇 달 동안 고생한 것이 완전히 수포로 돌아갔다.

"아마 나의 생애에서 가장 암울한 시기 중 하나였습니다. 지쳐 쓰러질 정도로 정신적인 폐인이 되었습니다. 미칠 지경이었지요. 밤낮 울기만 하였습니다."

그러나 뉼린은 죽자 사자 일에 매달려 위기를 극복할 수 있었다. 한 순간도 쉬지 않고 전보다 더 열심히 일을 하였다. 너무 일에만 골몰하였기 때문에 어느 날 본사에서 걸려온 전화를 받고 깜짝 놀랐다.

"축하합니다. 당신은 우리 회사의 최고 판매의 실적을 올렸습니다."라는 전화였다.

뉼린은 그 회사의 최고 판매 실적인 월 수수료 8천 달러를 달성한 것이었다. 사업을 시작한 지 11개월만에 이룬 업적이었다.

"일생 동안 그렇게 신나고 자랑스러운 때가 없었습니다. 길길이 뛰며 고함을 질렀습니다. 그토록 고생하며 이룩하려는 것이 바로 이것이었습니다. 다른 어떤 사람보다도 더 열심히 일했지요."

뉼린은 오늘날 1년에 10만 달러의 수입을 올리고 있다. 그렇다고 이 영광의 자리에 안주할 생각은 전혀 없다고 한다. 한 달에 이만한 돈을 벌어들이겠다는 것이 그의 목표다.

"지난 3년 동안 쉬지 않고 달려 왔습니다. 다른 사람들도 나처럼 열심히 일하고 희생을 하라고 말하고 싶지는 않습니다. 내가 바라는 것을 그들은 바라지 않을 지도 모르니까요. 그러나 나는 그 모든 걸 갖고 싶고 가질 수도 있다는 걸 잘 압니다."

일곱 번째 특징 : 놀랄 만한 끈기

네트워크 마케팅의 성공을 가져오는 가장 중요한 요소는 끈기라고 말하는 사람이 많다. 이밖에 다른 특징은 시간이 흘러가면 얻을 수도 있고 습득할 수도 있다.

그러나 사업에 장애가 생겼을 때 끈질기게 견뎌내지 못하면 아무리 열심히 일 해도, 적극적인 태도를 가져봐도, 낯가죽을 두껍게 하여도, 열성적이고 관대해도, 그리고 학습 능력이 뛰어나다 하더라도 목적을 달성할 수가 없다.

리처드 브룩이 그 좋은 예다. 네트워크 마케팅 사업을 시작한 지 3년이 되었는데도 입에 풀칠도 못할 정도였다. 3년이 지나자 친척들에게 돈을 구걸하기 시작했고, 카드는 모조리 그 한도액까지 사용해 버렸다. 집을 팔아 여동생 집에 기식하며 동생의 차를 빌려 타고 다녔다. 브룩의 빚은 2만 5천 달러에 달하였다. 가족들은 이제는 정신 좀 차리고 진짜 직업을 가져야 되지 않겠느냐고 조심스럽게 말하였다.

"부모님과 여동생으로부터 대단한 압력을 받았습니다. 가족들은 '사업이 안되잖아. 네트워크 사람들을 믿으면 안돼. 없는 돈을 쓰기만 하면 어떡해.' 라고 말했습니다."

그러나 브룩은 포기하지 않았다.

"사업에 끈질기게 매달렸습니다. 되는 사업이라고 생각했지요. 다른 사람들이 성공하는 것을 보았거든요."

고생스런 3년이 지난 후 마침내 그에게 행운이 찾아왔다. 놀랄 만큼 큰 돈을 벌어 브룩의 끈기는 그 보상을 받았다.

지도자만 볼 것

네트워크 마케팅을 통해서 일시적으로 약간의 수입을 올리기를 바란다면 지금까지 말한 여러 가지 초인적인 특징을 갖지 않아도 얼마든지 그렇게 할 수 있다.

그러나 어마어마한 부를 이룩하려면 엄청난 희생을 감수할 각오가 필요하다. 한번 이 일에 부딪쳐 볼 것인지 사전에 곰곰이 생각해 보아야 한다. 일생에 가장 힘든 결심이 될 지도 모른다.

제 3 장

제3 물결의 회사 찾아내기

"제리는 60년대에 반체제 운동가로 뉴욕 나이트 클럽계의 유명인이 되었다. 여피족을 위한 파티를 개최하며 매주 5천 달러씩이나 벌어들이고 있었다. 더 잘 산다는 것이 어떤 건지 생각도 할 수 없었다. 그런데 어느날 밤 파티에서 친구 한명을 만났다. "제리 좋은 기회를 놓치고 있어. 돈을 벌려면 다단계판매를 해야 해." 1983년의 일이었다.

이런 말이 나왔을 때 수많은 사람들이 의례 그렇게 하는 것처럼, 제리 러빈은 "다단계판매라니, 그게 뭔데? 피라미드 말이냐?"라고 물었다.

싱긋 웃으며 그 친구가 자기는 네트워크 마케팅업계에 혁명을 일으키고 있는 새 회사의 직원이라고 말하면서 그 회사는 재정이 든든하고 소유주가 할리우드에도 투자를 하고 있다고 일러주었다.

"회사 소유주 한 사람은 비벌리 힐즈의 자니 카슨 이웃집에 살고 있으며, 또 한 사람은 로스앤젤레스에서 제일 큰 빌딩을 소유하고 있다고 말하면서 이 사람들은 네트워크 마케팅을 전문화시킬 준비를 하고 있다고 말했다."

그 친구는 며칠 동안 계속 쫓아 다니며 화려하고 그럴싸한 팜플렛과 제품을 보증하는 전문의사의 증언도 보여 주었다.

숫자를 열거하면서 틀림없이 부자가 된다는 것을 수학적으로 증명도 하였다.

“60년대의 운동권 학생이 써먹었던 방법이 다 동원되어 있다는 것을 알았습니다. 60년대 우리는 사람 대 사람으로 운동을 하였습니다. 한 사람이 팬타곤으로 간다고 말하면 들은 사람이 다른 두 사람에게 전하고 그 사람들이 또 다른 네 사람에게 그 말을 전합니다. 나도 이건 잘 할 수 있다고 생각했지요.”

러빈은 큰 결단을 내렸다. 그는 수만 달러를 새 사업에 투자하여 몇 달 동안 이 사업에 매달렸다. 러빈이 생각한 대로였다. 러빈은 이 사업에 소질이 있었다. 그의 네트워크 마케팅 사업은 높은 궤도에 올랐으며 수많은 사람들이 러빈의 다운라인이 되었다.

저녁마다 2백 명이나 되는 사람들이 사업 설명회에 참석하기 위해 줄을 서곤 했다. 그런데 어느 날 갑자기 재난이 닥쳐왔다.

러빈은 그때 일을 회상한다.

“믿는 도끼에 발등이 찍혔지요.” “어느 날 그 회사 소유주 아들한테서 전화가 왔습니다. 회사가 그날 파산했다는 겁니다. 5천 달러 월세로 얻은 큼직한 사무실과 사업에 끌어들인 수많은 사람들, 화장품과 식품으로 가득한 창고 두 개, 사업에 관련된 것들을 생각하니 울화통이 터졌습니다. 내 돈 3만 달러를 날렸을 뿐만 아니라, 이 사업을 하느라 전에 하던 사업도 놓쳐버렸지요.”

러빈은 심한 우울증에 시달렸다. 나는 왜 이렇게 바보인가. 잠을 이루지 못하고 밤마다 뒤척이 밤을 지새웠다.

무엇이 잘못되었을까

러빈이 겪은 이런 끔찍한 이야기를 들으면 네트워크 마케팅은 잘 속는 사람들이나 하는 짓이라고 생각하는 사람들도 많다. 러빈도 그렇게 생각했다.

"그런 일이 있은 지 3, 4년 동안에도 네트워크 마케팅을 내게 권하는 사람들이 많았습니다. 회사 사장이 직접 전화를 한 적도 있고 최고 디스트리뷰터들이 전화를 하기도 했습니다. 난 전화를 받자마자 그냥 끊어 버렸습니다."

그러나 러빈의 이야기는 여기서 끝나지 않았다. 10년 후에 그는 미국에서 가장 성공한 네트워크 마케팅 사업가가 되었다. 러빈은 전국적인 TV 토크쇼에 출연하거나 일류 신문에 기사를 게재하여 네트워크 마케팅이야말로 미국에 구원을 가져온다고 역설하였다. 그렇다면 네트워크 마케팅 자체가 잘못된 것이 아니다. 무엇이 문제였을까.

안정성이냐 참신성이냐

네트워크 마케팅을 시작하였을 때는 모든 것이 잘 되어 가고 있었다. 그러나 그는 회사를 잘못 선택한 것이었다.

〈업라인〉의 편집장인 존 밀튼 포그는 말한다. "이만하면 그만이다라는 네트워크 마케팅회사는 없습니다. 회사는 망하지 않고 사업을 계속하기만 하면 됩니다." "디스트리뷰터는 자기성공에 책임을 져야 합니다."

〈다운라인 뉴스〉 발행인 코리에 의하면 네트워크 마케팅회사의 85%는 최초 5년 사이에 망하고, 이 중 대부분은 시작한 지 18개월

만에 문을 닫게 된다고 한다.

이런 까닭으로 참신성보다 안정성을 중요시하는 네트워크 마케팅 사업가가 점점 더 늘어나고 있다.

과거에는 네트워크 마케팅 사업가들이 다음에 나타날 더 유망한 회사 물결을 타려고 이 회사 저 회사를 넘나들며 왔다갔다 하였다. 한 회사에 너무 오래 붙어 있으면 그 회사의 시장이 포화상태가 되어 새 디스트리뷰터를 모집하기가 어렵지 않을까 걱정이 되면서 새롭고 참신한 것이 회사에서 추구하는 가장 중요한 특징이 되었다. 그러나 제3 물결은 이 모든 것을 바꾸어 놓았다. 오늘날 가장 인기 있는 회사는 기술, 디스트리뷰터 서비스, 혁신적인 경영방법을 채택하여 장기적인 성장과 안정을 도모하는 회사이다.

〈다운라인 뉴스〉 발행인 코리는 말한다. "일반적으로 말해서 사업을 시작한지 얼마 안되는 회사는 피하는 것이 좋습니다."

참고로 2010년 12월31일 미국 Nexera에서 2010년 1월 1일 기준 설립한지 최소 10년 이상된 기업으로 상위 25개 네트워크 마케팅 기업을 선별했는데 〈GNLD, 뉴스킨, 뉴웨이스, 니켄, 뉴 비전, 릴리브, 비전 포라이프, 시너지, 샤클리, 에이시엔, 암웨이, 유사나, 에이본, 유니시티, 알비시 라이프 사이언스, 옥시프레시, 아메르 플랜, 아드로 케어, 포라이프, 포에버리빙, 프리라이프, 프리페이드, 허벌라이프, 타이티안노니, 썬라이더〉 등이 순위에 올랐다.

제3 물결 회사를 찾아서

직접 '제3 물결' 이라는 말을 사용하지는 않았지만 일리노이 대학의 마케팅 교수 찰스 킹은 제3 물결 회사의 특징을 많이 가지고 있는 회사를 추천한다. 그러한 특징으로 잘 갖추어진 유통망, 디스트리뷰터에 대한 지원체제, 프로스펙팅 자료, 연수 계획, 해외 신출과 제품 다양화를 위한 잘 짜여진 계획 등을 들고 있다.

이 모든 것에는 물론 비용이 든다. 이 비용은 신출내기 회사보다는 연륜이 쌓여 성숙한 회사가 감당할 능력이 더 크다.

킹 교수는 '실적과 재정적 안정'이 있는 회사를 선택하라고 권하고 있다. 이렇게 하면 선택의 폭이 많이 좁아진다. 나는 킹 교수의 의견에 동의한다. 새롭고 특이한 회사보다는 제3 물결의 기초구조를 갖추고 있는 네트워크 마케팅 회사를 선택하기를 바란다.

이 장에서는 그 방법을 설명하겠다.

무한 급성장

회사가 반드시 새롭고 미래 지향적일 필요는 없다. 지금 가장 인기가 있는 제3 물결 회사는 상당히 많은 수가 제1 물결 또는 제2 물결 회사로 출발하였다. 그러나 이 회사들은 지금 무한 급성장에 점화를 하기 위하여 제3 물결 기술 혁신을 채용하고 있다. 회사가 완전히 틀이 잡힌 후에도 계속해서 성장하는 가속이 붙게 된 것이다.

누구를 믿을 것인가

회원 가입 비디오를 처음 보고 어리둥절해 하는 '풋내기'이거나 현재 몸을 담고 있는 회사를 그만두어야 될지 말지를 생각하며 뜬 눈으로 밤을 지새우는 20년 경력의 고참이거나 간에 모든 네트워크 마케팅 사업가들은 '누구를 과연 믿어야 하는가' 하는 외로운 질문을 조만간 던지게 마련이다. 자기 스폰서를 믿어야 될 것인가.

자기 회사가 업계 최고라고 하는 말을 믿어야 하나. 길에서 만난 디스트리뷰터 말을 들어야 하나. 자기 회사는 이미 포화상태이니 다른 유리한 회사에 가입하라는 말을 받아들일 것인가.

언론 보도, 정치가의 주장, 검찰의 말을 믿어야 할까. 어떤 사람들은 하나같이 모든 네트워크 마케팅 회사는 사기이며 애초에 거기 가입한 것 자체가 바보짓이라고 한다.

누구 말을 믿어야 할까. 이 물음에 대하여 권위 있는 대답을 해주는 신통한 데이터 베이스가 없는 것은 안타깝다. 그렇다고 장님처럼 더듬거리기만 할 필요는 없다. 일을 쉽게 할 수 있는 수단과 자료, 기술이 많이 있다.

이 장에서 설명하는 절차를 밟으면 전문가 못지않게 네트워크 마케팅 회사에 대한 판단을 내릴 수가 있다. 이렇게 한다고 반드시 올바른 결정을 내릴 수 있다는 것은 아니다. 그러나 적어도 정보를 제대로 듣고 결론을 내릴 수는 있다. 이렇게 하면 다른 어중이떠중이들보다 훨씬 앞서 갈 수 있다.

제1 단계 : 과대 선전을 묵살하라, '과소 선전' 도

나는 〈석세스〉지에 네트워크 마케팅에 관한 커버 스토리를 쓰고 있었다. 누구를 커버 스토리로 다루느냐를 결정하는 것이 기자 생활 중 가장 힘들고 어려운 일이다.

네트워크 마케팅 회사를 취재하는 데에는 해야 할 일과 해서는 안되는 일이 있다는 것을 알게 되었다.

첫번째 규칙은 '사실대로 적어라–과장해서는 안된다' 는 것이다.

제2 단계: 제품을 검토하라

어느 회사와 계약을 맺기 전에 스스로 이렇게 물어보아야 한다. "나는 이 제품을 팔 수 있을까?"

이 물음을 신중히 검토해야 한다. 그러나 "이 제품이 잘 팔릴까?"라고 묻는 것과 반드시 같지는 않다. 다른 사람이 그 제품을 쉽게 팔고 있으니 나도 문제없이 팔 수 있으리라는 것은 오산이다.

네트워크 마케팅의 권위자인 라오는 말한다. "제품에 대해서 강한 애착이 있어야 하며 열의와 집착을 가져야 합니다."

라오 박사에 의하면 일반 점포에서 구하기 어려운 성분의 제품이 네트워크 마케팅에 가장 적절한 제품이라고 말한다. 또한 건강과 미용에 관한 제품이 제일 좋다고 한다. 이들 제품은 개인적인 감각과 분위기에 호소하기 때문이다.

"사람을 젊게 한다는 어떤 회사 제품을 한 달 사용해 보았으나 효과가 없었습니다. 그런데 모 제품을 사용하였더니 점액낭염(粘液廊炎)이나 관절염이 싹 없어졌다고 단언하는 사람들을 여러 사람 만났습니다. 바로 이런 제품을 찾아야 합니다. 이와 같은 효능이 있다고 사람들이 확신하는 제품을. 이래야만 열렬한 소비자를 많이 구할 수 있습니다." 라오의 말이다.

그러나 제품의 분위기와 약효가 있다는 주장과는 종이 한 장 차이이다. 이 선을 넘으면 안된다고 라오는 경고한다. 제품을 사용했더니 이런 이런 효과가 있었다고 말하는 진실된 개인적인 증언은 괜찮다. 그러나 다른 사람도 같은 결과를 얻는다고 약속을 하면 문제가 생긴다.

〈다운라인 뉴스〉 발행인 코리 오겐스타인은 충고한다.

회사 스스로가 제품 선전을 할 때 식약청이 정한 지침 범위를 벗어나서는 안된다는 것이다. 그는 또한 디스트리뷰터가 되기를 희망하는 사람은 그 회사 제품이 다른 회사의 유사 제품보다 비싸지 않은가 확인할 필요가 있다고 말한다. 좀 드문 일이긴 하나 그 회사가 제품에 대한 전매 특허나 유통 독점권을 가지고 있으면 제일 좋다고 한다.

제3 단계: 홍보 자료를 조사하라

모든 네트워크 마케팅 회사가 언론에 자료를 남겨 놓을 만큼 크거나 유명하지는 않다. 그러나 알아본다고 손해 볼 건 없다. 아주 유리한 정보를 찾아냈거나, 노다지 광맥을 찾았다는 생각이 들면 조심해야 한다. 찾아낸 자료 내용을 그 이상이나 그 이하로 생각하지 말라. 그걸 절대적인 진실로 받아들여서는 안된다. 기자들도 과오를 범할 수 있다. 게다가 신문, 잡지, 인터넷, TV도 하나의 사업이다. 이들 언론 매체의 고객은 광고를 내는 회사들이다.

제4 단계: 기업 감시 기관과 의논하라

네트워크 마케팅 회사의 진가를 가리고 있는 뜬 소문, 추측 등으로 얽히고 설킨 미로를 헤치고 나가기 위해서는 소식통의 도움이 필요하다. 공정거래위원회나 공제조합, 소비자 보호원 등 공식적인 기관을 이용하여 정보를 파악하라.

제5 단계: 공개하기를 꺼리는 부분을 찾아내라

경험 많은 사업가는 구속력이 있는 계약을 맺기 전에 반드시 철저한 조사 연구를 한다. 확실한 방법이나 기술을 동원하여 고객이나 동입자가 될 수 있는 사람에 대해 철저한 조사를 한다.

네트워크 마케팅 사업에 대한 조사도 이와 같은 방법으로 해야 된다. 이런 방법을 사용하여도 꼭 성공한다는 보장은 없다. 그러나 이렇게 하면 그 회사가 숨기고 있을 지도 모르는 세상에 알리고 싶지 않은 어떤 심각한 문제점을 찾아 낼 수가 있다.

우선 그 회사의 재정 상태를 살펴봐야 한다. 자본이 모자라 문을 닫는 네트워크 마케팅 회사도 있다. 오늘 매상에서 생기는 이익금으로 상품을 모조리 사들이고 디스트리뷰터들에게는 다음 달 수익금으로 지불하게 되기를 희망한다. 매상이 계속 급격히 늘어나기만 하면 이런 식으로 임시변통이 통하는 수도 있다. 그러나 이것은 러시안 룰렛처럼 몹시 위험한 노름이어서 결국 회사는 파산하기가 쉽다. 디스트리뷰터들은 수수료를 받기 위하여 일하는 기간이 점점 더 길어지고 경영자는 구매 신청이 더 들어오기를 기다리면서 이러지도 저러지도 못하게 된다. 엉성한 사업은 무너지기 마련이다. 공정거래위원회 정보를 이용하면 매출액, 반품액, 부채비율 등을 알 수 있다.

제6 단계 : 지원 체계를 평가하라

디스트리뷰터와 회사 사이의 노동의 분배가 네트워크 마케팅을 가능케 한다. 판매와 회원 가입은 당신의 몫이지만 나머지 모든 일은 회사가 다 맡아서 해 주어야만 좋은 네트워크 마케팅 회사라고 할 수 있다. 상품의 배달, 심지어는 수수료 지불의 연체로 골치를 썩이고 있다면 당신이 소속되어 있는 회사는 적절한 지원 체계를 갖추고 있지 않다고 할 수 있다.

제3 물결 회사의 정의는 상당한 자금과 노력과 창의성과 최첨단 기술을 동원하여 위에서 말한 노동 분배의 원리를 뚜렷하게 구현하는 회사이다. 다음에 설명하는 이상에 근접한 최첨단 시스템을 갖추었는지 체크하라.

회사의 디스트리뷰터에 대한 지원 수준을 측정하기 위해서는 다음과 같은 질문을 하면 된다.

원격 통신

- 회사가 3자 통화 서비스를 싼 값에 제공하는가? 이것은 업라인 또는 다운라인과 프로스펙팅, 또는 회원 훈련 등을 하는 데 요긴히 사용 할 수 있다.
- 회사가 디스트리뷰터에게 수신자 부담 전화를 통한 음성 우편 서비스를 제공하는가? 음성 우편 서비스는 다운라인 또는 프로스펙트와의 의사 소통을 크게 도와준다.
- 회사의 음성 우편 서비스에 여러 사람에게 메시지를 전달할 수 있는 기능이 있는가?
- 음성 우편 서비스가 음성 처리 능력을 갖추고 있는가? (즉 빠른 검색, 메시지의 삭제와 저장, 또 메시지의 정지, 반복, 전달 등이 가능한가?)
- 회사가 판매, 훈련, 프로스펙팅 등에 쓰일 정보를 제공하는가?

경영 지원

- 회사에서 상품과 조직에 관한 디스트리뷰터의 질문에 답해 주는 정보 직통 전화(핫라인)를 운영하고 있는가?
- 회사는 이 밖에 다운라인 관리에 중요한 정보, 예를 들면 최신의 디스트리뷰터 조직표와 그룹 판매량 등을 제공하는가?

제품 주문 처리

- 회사가 다운라인과 고객들의 제품주문을 잘 처리해 주는가? 그런 일들을 직접 해야 한다면 이것은 네트워크 마케팅 사업이 아니라 창고를 관리하는 일과 비슷하게 된다,제3 물결 회사라면 신용카드 처리, 물품세, 상품배달 등 주문처리에 관련된 모든 문제를 대신 다 해결해 주어야한다.
- 다운라인과 고객들이 제품 주문에 이용할 수 있는 수신자 부담 전화를 제공하는가?
- 자동 배달 서비스를 제공하는가? 고객이 빈번히 사용하는 제품을 매달 배달해 주어 매번 다시 주문해야 하는 수고를 덜어준다.
- 한 번에 단 한 개의 제품만을 주문할 수도 있는가? 혹은 어떤 최소량 이상을 반드시 구입해야 하는가?
- 주문을 전화나 인터넷을 통해 할 수 있는가?
- 하루 24시간 제품 주문이 가능한가?
- 제품 주문이 얼마나 빨리 처리되는가? 주문 받은 제품은 24~48 시간 이내에 창고에서 출고되어야 한다.
- 시스템이나 메시지 등을 통해 주문 확인을 할 수 있는가?

판매/마케팅 지원

- 프로스펙팅과 훈련을 위한 원격 회의 또는 위성 회의를 제공하는가?
- 제품 판매에 도움이 되는 프로스펙팅용 비디오, 오디오 카세트 등 자료를 제공하는가?
- 이런 자료를 싼값에 판매하는가? 적어도 원가나 원가에 가까운 값이어야 한다. 회사는 마케팅용 자료를 팔아 수익을 올리려고 해서는 안된다.
- 고객의 구입 성향에 관한 추적 보고서를 제공하는가?

훈련

- 디스트리뷰터를 위한 훈련 프로그램을 제공하는가?
  그러한 프로램이 얼마나 자주 있는가? 무료인가?
  집에서 멀지 않은 곳에서 이용할 수 있는가?
- 그러한 훈련 또는 세미나를 인터넷 매체, 비디오 또는 위성 방송으로도 이용할 수 있는가?
- 디스트리뷰터가 최근 정보에 손쉽게 접할 수 있도록 뉴스레터, 비디오, 잡지 또는 기타 내부 통신 수단을 제공하는가?

국제적 확장

- 회사가 국제적 확장 프로그램이 있어서 디스트리뷰터들에게 외국에서도 세금이나 등록, 환전 등의 문제로 고민하지 않고 다운라인을 구축할 수 있게 해주는가?

제7 단계 : 보상 제도의 평가

네트워크 마케팅에 있어서 보상 제도란 디스트리뷰터가 노력한 대가로 받는 보상 제도를 말한다. 디스트리뷰터는 보통 다음과 같은 수입원이 있다.

(1) 제품을 소비자에게 직접 팔아서 얻는 소매 수익,

(2) 다운라인 디스트리뷰터가 제품을 팔아서 생기는 도매 수입,

(3) 다운라인에서 가지를 뻗어 나간 디스트리뷰터의 도매 판매 수익의 비율에서 생기는 수수료 ('브레이크어웨이 방식')

(4) 보너스. (후원 수당)

어떤 회사를 선택하기 전에 이 보상 제도에 관하여 몇 가지 검토를 해야 한다.

제8 단계: 회사의 발전 국면을 참작할 것

앞서 말한 것처럼 어느 회사의 발전 주기는 네트워크 마케팅 사업가가 그 회사를 선택하는 중요한 기준이 되었었다. 그러나 제3 물결은 이 모든 것을 바꾸어 놓았다.

우선 소비자 위주의 이 혁명이 네트워크 마케팅 사업을 수많은 사람들에게 개방해 놓았다. 이제 네트워크 마케팅 회사는 오랫동안 네트워크 판매에만 매달려 온 사람들을 상대로 더 이상 아웅다웅할 필요가 없게 되었다. 제3 물결 회사는 전문 직업인, 소기업 경영자 그밖에 신 개척지를 그 대상으로 삼고 있다.

네트워크 마케팅에 참가할 수 있는 사람은 미국 내에 있는 신체 건강한 성인 남녀 전부라고 할 수 있다. 전 세계의 모든 남녀라고 말할 수는 없을 지 모르지만. 전문가는 오늘날 미국에는 어림잡아

6백만 내지 7백만의 디스트리뷰터가 있다고 추정하고 있다. 그렇다면 아직도 이것을 시도해보지 않은 사람이 2천 5백만 명이 있다는 것을 뜻한다. 이 사람들이 모두 소비자 위주의 네트워크 마케팅에 참가할 수 있는 중요한 대상이 될 수 있다.

이와 같이 거대한 미개척 시장을 완전히 장악하기 전에는 제3 물결 마케팅 시장이 포화되었다고 말할 수 없다.

네트워크 마케팅의 새로운 발전은 성장 주기에 대한 가능성이라 할 수 있다. 종전에는 어느 회사의 성장 주기가 네 가지 분명한 국면을 경과한다고 생각했다. 이 성장 국면을 마케팅 교수 찰스 킹은 형성 국면, 집중 국면, 급성장 국면 그리고 안정 국면으로 명명하였다.

그림 3.1 : 네트워크 마케팅 회사의 네 가지 성장 단계

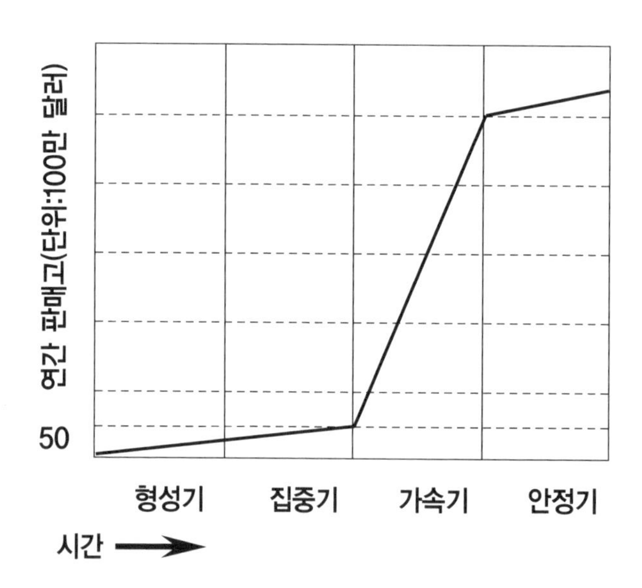

도표 3.1에서 보다시피 가장 급속한 성장을 하는 것은 급성장 국면이다. 회사의 판매고가 5천만 달러에 도달한 후에 이 국면에 접어들게 된다. 이 때에는 지수(指數) 성장이 활성화되고 급성장 국면에 접어들기 직전에 사업에 참가한 운좋은 사람들에게 하룻밤 사이에 떼돈을 벌게 해주는 시점이기도 하다.

그러나 제3 물결의 디스트리뷰터들은 급성장의 어두운 면을 더 잘 알게 되었다. 킹박사의 급성장 국면과 안정 국면 사이의 어디엔가 자리잡고 있는 또 한 가지의 성장 국면이 있다는 것을 알게 되었다. 레나드는 그것을 정사(精査) 국면이라고 부르고 있다.

업계에 두각을 나타내어 감독관과 검찰시선을 끌게 되는 때다.

정부 관료가 회사의 거액 은행 계좌를 눈여겨보며 그들에게 부과할 수 있는 엄청난 벌금을 꿈꾸어 보는 때다. 이 때야말로 여러 가지 조사가 시작되고 또 언론으로부터 얻어맞는 때이다.

네트워크 마케팅의 거물급 회사들이 모두 이 정사 국면을 겪었으며 거기에서 벗어났다. 이 회사들은 모두 시련을 훌륭히 견디어 내어 옛날 얘기를 하며 건재함을 과시하고 있다. 그러나 이와 같은 정사 국면을 겪으며 살아 남는 회사의 수가 극히 적다는 것이다.

레나드는 말한다. "가장 최선의 단계를 선택하라고 한다면 적어도 앞으로 30년 이상 지속되는 회사가 급성장 국면에 접어들기 전의 6개월이라고 하겠습니다. 그러나 그것은 공모 회사에 투자하는 최적기는, 주가가 상승하기 직전이라고 말하는 거나 같습니다. 아무도 그걸 내다 볼 수는 없지요."

네트워크 마케팅도 증권 시장과 마찬가지로 위험을 무릅쓰고 투자를 할 것인지 또는 안전하고 유리한 투자만을 할 것인지는 자신이 정할 문제이다. 그러나 대부분의 경우, 망하게 되어 있는 회사만 이곳 저곳 기웃거리다가 결국 네트워크 마케팅 사업 자체를 포기해버리고 만다.

거대한 기성 기업을 통해서도 돈을 벌 수 있을까? 물론 돈을 벌 수 있다. 끊임없이 제품 수를 늘리고 디스트리뷰터가 국내나 해외에서 사업을 용이하게 할 수 있도록 첨단 제도와 기술을 개발하여 앞으로 꾸준히 성장할 수 있는 여러 가지 전략을 개발해 낸 오래된 제3 물결 회사에 가입하면 물론 돈을 벌 수 있다. 열심히 일을 하며 천천히 그러나 꾸준히 돈을 벌겠다는 마음가짐이 있다면 돈을 벌 수 있다.

"강하고 운영 방법이 뛰어나고 최고의 경영을 하고 좋은 제품을 만들어 내고 훌륭한 보상 제도를 갖추고 있는 회사만이 살아남을 것이다."

유리하고 확실한 사업만 할 것인가, 장래가 확실치 않은 모험적인 사업을 시작할 것인가, 이것은 결국 당신이 선택해야 되는 것이다.

사실을 알아내라

아리스토틀 오나시스는 그의 저서 중에서 이런 말을 하였다.

"성공의 비결은 다른 사람은 아무도 모르는 그 무엇을 알아내는 것이다."

이것은 네트워크 마케팅과 마찬가지로 다른 모든 사업에 적용되는 말이다. 그러나 정보는 뉴튼의 사과처럼 나무에서 뚝뚝 떨어지지는 않는다. 스스로 찾아내야 된다. 많은 시간을 들이고 애를 써야지 정보를 얻을 수가 있다.

뜬 소문에 귀 기울이지 말라. 신문 보도를 너무 맹신하지 말라. 잘난 체하는 친구나 동료들의 말에 귀 기울이지 말라. 실상을 파악하라.

언젠가는 이 사람들이 머리를 긁적이며 어떻게 당신이 그렇게 '운이 좋은' 추측을 할 수 있었을까 하며 놀랄 것이다.

제 2 부

조 직

제 4 장

초보자가 빠지기 쉬운 일곱 가지 함정

네트워크 마케팅을 한번 해보기로 마음먹고 지금 막 계약을 마쳤다고 하자. 주변에 잘 알고 지내는 사람들의 이름을 빠짐없이 모아서 고객 명단에 적어 놓았다. 만반의 준비를 갖추고 서재에 앉아 전화를 걸기 위해 수화기를 든다. 그러다가 갑자기 죽은 듯이 멈춰 버린다.

"무슨 말을 해야 되지?" 공포가 엄습해 온다.

"무슨 대본 같은 게 있어야겠는데!"

할 수 없이 스폰서에게 전화를 걸어 한 시간 동안 조언을 듣는다. 서점에서 관계 서적 몇 권을 사다 읽어보기도 하고 모집하는 법에 대한 테이프를 몇 번이고 반복해서 듣기도 한다. 며칠 후, 다시 수화기를 든다. 전화번호를 누르다가 다시 멈춘다.

"이 사람이 거절하면 어쩌지?" 하는 생각이 든다.

"거절할 경우에는 어떻게 대처해야 좋을지를 알아야겠는데."

그래서 스폰서에게 다시 전화한다. 흔히 부딪히는 거절 유형 여러 가지에 대해 적절하게 대처하는 법을 배운다. 해야 할 대사를 다 적어 놓고 순서를 바꾸어가며 여러 가지 패턴으로 배열해 본다. 이제 다시 수화기를 든다.

"잠깐만!" 마음 속에서 작은 목소리가 외친다.

"이 사람이 보상 계획에 대한 더 자세한 설명을 원한다면 어떻게 하지? 회사에 이것에 대한 비디오가 마련되어 있을까? 아무래도 스폰서에게 물어봐야..."

첫 출발이 최대의 난관

"만약 모든 난관이 처음부터 극복되어야 한다면 이 세상에 시도라는 것은 있을 수 없다."

네트워크 마케팅 유일의 최대 난관은 첫 출발이다. 맨 처음 전화를 걸기 전에 미적미적하다 중도 하차하는 사람들이 많다. 계속하는 사람의 상당수도 낙심하여 그만두는 수가 많다. 네트워크 마케팅 디스트리뷰터의 90 퍼센트가 시작한 지 1년이 되기 전에 그만둔다는 통계가 있다.

마크 야넬은 말한다. "30일 만에 그만둔 사람들이 있었습니다. 그들은 '미안합니다. 전 모든 걸 다 바쳤는데도 안될 것 같습니다.'"– "그렇지만 어떻게 30일만에 모든 것을 다 바칠 수가 있습니까?. 30일이면 거절을 어떻게 극복하는지도 배우지 못한 상태인데 말이에요. 결국 저는 일년 동안 일하겠다는 계약을 하지 않는 사람은 채용하지 않기로 했습니다."

네트워크 마케팅에 의욕을 갖고 뛰어든 많은 사람들이 제대로 시작도 해보기 전에 이렇게 떨어져 나가는 이유는 무엇일까? 대부분의 경우 초보자가 빠지기 쉬운 일곱 가지 함정 중 하나에 무릎 꿇고 말았기 때문이다.

아무리 유망한 네트워크 마케팅이라도 그 싹부터 꺾이고 말 수밖에 없는 여러 가지 오해, 시간 낭비, 잘못된 전략 등이 그 함정이다. 이 일곱 가지의 위험만 피한다면 당신이 막 시작한 사업은 상당한 경쟁적 우위를 점할 수가 있다. 바로 다음과 같은 것들이다.

함정 1: 차바퀴를 새로 발명한다

"사업을 하는데 알아두어야 할 것이 세 가지 있습니다." 네트워크 마케팅 국제협회(MLMIA)의 회장 도리스 우드는 의견을 말한다. "우선 물건을 팔아야 하고 두 번째는 스폰서하는 일이고 다음은 스폰서 받은 사람이 다시 물건을 팔고 스폰서하고 교육을 시키도록 훈련시키는 것입니다."

근본적으로 네트워크 마케팅은 아주 간단한 과정이다. 그 과정을 있는 그대로 단순히 밟을수록 그 목적을 더 잘 달성할 수 있다. 그런데 경험이 없는 디스트리뷰터들은 사업을 점점 더 복잡하게 만들려고만 한다. 스폰서한 사람이 가르쳐준 틀림없는 과정을 밟지 않고 새로운 바퀴를 만들어내어 굴려 보려고 한다.

새로 디스트리뷰터가 된 사람은 네트워크 마케팅이 힘들다는 것을 알고 실망해 버린다. 힘을 덜 들이고 최대한의 수입을 올리는 교묘한 지름길과 술책을 찾으려고 안달복달한다. 그러나 그런 생각으론 절대 성공할 수 없다. 어떤 책략을 써서 성공을 하려 했다가는 가차없이 실망과 패배를 맛보게 된다.

어느 제3국의 저명한 외교관이 디스트리뷰터 마크 야넬의 다운라인에 가입한 적이 있었다. 그 사람은 더할 나위 없는 디스트리뷰터로 보였다.

"내가 지금까지 가입시킨 어떤 사람보다도 사회적 지위가 높은 사람들과 친분이 많았습니다. 그 사람은 유명 대학에서 학생들을 가르치고 있었고, 대학 총장을 세 사람이나 알고 있었습니다. 리무진 승용차를 타고 워싱턴 시내를 돌아다녔으며 사업을 크게 하고 있는 어느 나라의 대사였습니다."

그러나 그 외교관은 뭔가 쉬운 방법이 없는가! 안달만 하는 사람이었다.

"그 사람은 손끝도 까딱하지 않았습니다. 단 한 사람도 가입시키지 못했습니다. 전혀 노력을 하지 않고 1년에 백만 달러를 벌 수 있는 새로운 방법과 요령만을 생각했습니다."

야넬은 당장 일에 착수하여 물건을 팔고 디스트리뷰터를 스폰서하고 교육을 시키라고 채근하였다. 그러나 그는 자기에게 더 좋은 생각이 있다고 말하였다. 자기 전화번호부에서 뽑은 유망한 사람들의 리스트를 야넬의 다운라인에 넘겨주어 이 사람들에게 일을 시키도록 하자는 제안을 하였다. 그 외교관에게 있어서는 자기가 아는 사람들과 다른 사람들과의 땀을 결합시킬 수 있는 절묘한 방법인 것처럼 보였다. 그러나 네트워크 마케팅에 있어서는 "누구나 자기 짐은 자기가 져야 합니다"라고 야넬은 말한다.

소작인들처럼 물건을 팔고 디스트리뷰터를 후원하고 스폰서하는 천한 일을 할 수 없다고 생각하여 그 외교관은 4개월 후 그만두고 말았다.

네트워크 마케팅에 새로 가입한 사람들 중에는 이 국제적인 수완가만큼 자신을 과대평가하는 사람은 그렇게 많지 않다. 그러나 대부분의 사람들은 네트워크 마케팅 사업을 이런 저런 방법을 써서 더 복잡하게 만들려는 유혹을 받는다.

새로 가입하는 사람들에게 있어서 가장 위험한 유혹은 첨단 하드

웨어를 이 사업에 사용하려는, 언뜻 보아 해롭지 않게 보이는 테크놀러지에 대한 광적인 태도이다.

물론 제3 물결 자체가 테크놀러지를 이용해야만 가능하다. 팩스 발송, 메시지나 이메일, 화상 회의 등은 디스트리뷰터들이 다운라인에 있는 수만 명의 사람들과 싼 비용으로 효율적인 연락을 취할 수 있게 한다. 또한 컴퓨터를 사용하여 자기 스스로 광고 도안을 만들 수 있고 뉴스레터를 만들고 편지 봉투에 붙이는 주소를 수없이 찍어 낼 수 있다. 후원용 비디오는 여러 도시에 살고 있는 수많은 사람들에게 제품 설명을 가능케 한다.

그러나 제3 물결 조직에 있어서 테크놀러지를 사용할 수 있는 가장 안전한 곳은 본사이다. 본사에 있는 컴퓨터 덕택에 디스트리뷰터들은 수수료 계산, 제품 주문의 처리, 다운라인의 관리 등 골치아픈 일을 하지 않아도 된다.

제3 물결 기초 조직은 디스트리뷰터들이 개인 컴퓨터를 사용할 필요가 없게 해주어야 한다. 디스트리뷰터들이 적절한 감독을 받지 않고 마음대로 테크놀러지를 사용했다가는 크게 봉변을 당할 수가 있다.

마크 야넬은 말한다. "테크놀러지는 생면부지의 사람에게 전화를 걸거나 찾아가는 좋은 핑계가 되기도 합니다."- "나는 컴맹입니다. 서류는 이층 침대 밑에 있는 노란 서류철에 정리해 둡니다. 컴퓨터를 다룰 줄도 모르고 타자도 못 칩니다. 워드 프로세서나 위저드 사용법도 모릅니다. 이런 것들은 필요하지 않습니다. 청바지를 입고 자기 거실에 앉아서 다른 사람들에게 어떻게 일처리를 하는가를 알려주기만 하면 이 사업을 할 수 있으니까요."

기계나 장치 방식에만 너무 몰두하다 보면 업무를 회피하려는 치명적인 사업태도를 위장해버리기 쉽다. 대부분의 사람들은 남을 직접 대면해서 물건을 판다는 것을 끔찍한 일로 생각하기 때문이다. 기계만 계속 만지작거리고 있다는 것은 상당히 매력적인 대안이 될 수 있다. 심한 경우에는 이 병이 도져 수천 달러짜리 시청각 보조기구, 첨단 사무실 기기, 컴퓨터 등을 사들이게 된다.

그리고 신문 광고에 큰 돈을 들이고 편지 겉봉을 쓰기 위한 고객명단과 소프트 웨어 등을 사들이게 된다. 다른 사람과 직접 대면해서 말하는 것을 회피하는 가장 확실한 방법이 우편을 이용하는 일이다.

톰과 테리 힐 부부가 처음 이 사업을 시작했을 때는 개인용 컴퓨터를 이용하여 모든 거래의 기록을 정리하려고 했다. 톰은 메릴 린치사의 주식 중개인이었고 테리는 제록스사의 판매부원이었기 때문에 고객에 대한 기록을 이런 식으로 보관했었다. 그러나 사업을 오랫동안 하면 할수록 고객에 대한 자세한 기록이 필요없다는 것을 느끼게 되었다.

테리는 말한다. "그건 시간 낭비였을 뿐입니다." "가능성 있는 고객의 자료를 데이타베이스에 넣는 데만 몇 시간이나 걸렸습니다."

어느 날 힐 부부는 개인용 컴퓨터를 구세군에 기증하기로 작정하였다. 그 후 그 일을 후회한 적이 없었다. 전 세계에 걸쳐 있는 5천 명 이상의 다운라인 디스트리뷰터를 팩스 하나 없이 관리하고 있다. 꼭 팩스를 보내야 할 일이 생기면 길 모퉁이에 있는 팩스 서비스를 이용한다.

톰은 말한다. "전화가 가장 중요한 도구입니다." "전화 없이는 살 수가 없지요. 꼭 보관해야 할 기록은 인덱스 카드에 적어 두면 됩니다."

제3 물결 사무실은 아직 조그마한 사무실이다. 데니슨은 침실에 자기 사무실을 차리고 사업을 시작하였다. 책상 하나, 전화 한 대, 제품 샘플을 넣어두는 선반이 전부였다.

데니슨은 이 사업을 시작했을 때 풀타임 가정부로 일하고 있었기 때문에 하루 1시간씩만 네트워크 마케팅 일을 하기로 했다.

"1시간씩 일을 하지 않고는 잠자리에 들지 않았습니다" 이 1시간 동안 데니슨은 맹렬히 판매 활동을 하였다.

"찾아 오는 사람이 없을 때에는 명단을 뒤져가며 전화를 걸어 열심히 약속을 만들었습니다. 이 사업은 두 가지 일만 하면 됩니다. 물건 파는 일과 이 사업을 하면 거둬들일 수 있는 성과를 알려주는 일이지요. 이 두 가지 일을 하지 않는다면 아무리 준비 작업을 하고 장부를 정리하고 사무실을 차린다 하더라도 아무 소용이 없습니다."

핵심적인 일만 하겠다는 데니슨의 사업 방법은 큰 도움이 되었다. 열심히 일하면서 몇 년이 지나자, 보잘 것 없는 가정부였던 그는 백만장자가 되었다.

데니슨과 힐 부부 같은 예가 있는데도 불구하고 네트워크 마케팅을 더 '세련된 방법'으로 하려면 어떻게 하면 되는가 하는 전문가들의 의견이 계속 늘어만 간다.

어떤 사람은 사무실을 세 내고 팩스와 비서, 컴퓨터를 마련하고 매일 아침 정각 9시에 정장을 하고 출근해야 된다고 말하기도 한다. 한편 어떤 사람은 위와 같이 세련된 방법을 찾는 것은 보통 사람들이 자기 집에서 일을 할 수도 있고 신축성 있게 일과를 조절할 수 있다는 네트워크 마케팅의 근본 취지에 위반되는 일이라고 말한다.

네트워크 마케팅이라는 직업에 대한 견해가 어느 쪽이건 간에 그것은 사람과 사람이 맞대면하는 상호작용에 근거하고 있다는 사실을 부인할 수는 없다.

컴퓨터 모니터를 몇 시간 들여다 보건, 책상에 앉아 서류를 뒤적거리는 시간이 몇 시간이 되건, 이것만 가지고는 일을 했다고 할 수 없다. 생면부지의 사람을 방문하거나 전화를 해야 되고 사람들을 스폰서해야 된다. 별로 화려한 일 같이 보이지는 않지만 일을 하려면 이 방법 밖에 없다. 당신이 생각해낸 다른 어떠한 방법도 차바퀴를 발명해내는 것처럼 헛된 일이 된다.

"사람은 누구나 될 수 있으면 남과 맞닥뜨리지 않으려고 하지요. 사람의 천성이 그렇습니다. 그러나 이것은 얼굴과 얼굴을 맞대야 되는 사업입니다. 사람 앞에 나서고 사람과 이야기를 나누어야 합니다."

함정 2: 일에 전념하지 않는다

"처음부터 회사가 완성된 후의 모습에 대해서 확실한 비전을 갖고 있었다. 나는 IBM이 위대한 회사가 되기 위해서는 처음부터 위대한 회사인양 행동해야 된다는 것을 깨달았다." – 톰 와트슨

IBM 창립자

사업을 취미 활동이나 파트 타임 직업으로 취급하기 때문에 실패하는 네트워크 마케팅 사업가들도 많다. 전념하지 않고 취미삼아 일을 하다가는 관심을 잃어버리기 십상이다.

또 어떤 사람들은 사업이 막 성장하기 시작하는데 그걸 제대로 관리하지 못한다. 계획을 제대로 세우지 못하고 서류가 뒤죽박죽되어 우선 순위를 정리하지 못해, 모처럼 잘 나가다가 망해 버리는 수가 있다.

사업에 크게 성공하려면 맨 처음부터 크게 생각해야 한다. 바꾸어 말하면 대기업에 어울리는 절차, 정책, 방식을 처음부터 실천에 옮겨야 한다. 월급을 받고 있는 직원이 당신 혼자일 경우라 할지라도.…

마크 야넬은 말한다. "성공을 거둔 가장 큰 이유는 경제적으로 언제나 궁지에 몰려있다는 사실 때문이었습니다. 사업을 파트 타임 직업으로 해도 괜찮을 형편이 아니었지요. 큰 기업을 하고 있다고 생각하지 않을 수 없었습니다."

야넬은 하루의 일과를 〈포천〉지 선정 500대 기업 사장처럼 정했다. 아침 6시부터 8시까지는 그 날 계획을 세우고 자기의 동기 유발에 도움이 되는 책이나 테이프를 듣고 마음의 준비를 하였다.

8시 30분 차를 타고 시내로 나가 한 시간 동안 직장에 출근하는 사람들에게 자기 명함을 돌렸다. 10시 정각에 집에 돌아와 미리 약속한 5~10여명의 프로스펙트(가망고객)를 만났다. 11시 30분까지 이 사람들과의 대화를 끝내고 다음 30분은 그날 아침 명함을 돌리며 만난 사람들에게 전화를 걸어 약속을 만들었다. 점심을 먹고 난 다음 야넬은 업무를 정리하고 4시에 다시 시내로 나갔다.

"나는 문자 그대로 1주 5일을 아침 6시부터 저녁 8시까지 근무하는 일과표를 작성하여 직장에서 근무하는 것처럼 일을 했습니다."

처음 90일 동안 야넬은 89명을 모집하였다. "3개월 동안 하루 한 사람씩 가입시킨 셈이죠. 7년 동안 했더니 디스트리뷰터가 311명이 되었습니다."

함정 3: 자신의 초라함을 부끄러워 한다

"사업에 대한 사람들의 인식을 당신이 한 일 또는 하지 않은 일에 근거하여 판단하지 말게 하라."

– 하워드 솔로몬

당신이 네트워크 마케팅을 시작하여 처음에는 아마 회사의 자랑거리가 되지 못할 것이다. 수입은 형편없고 좌절하고 실망하고 상대방으로부터 질문을 받아도 제대로 답도 못할 것이다. 이런 상황이다보니 사람을 끌어 들이기는 커녕 쫓아내 버리기 일쑤가 된다. 이럴 때는 어떻게 하면 좋은가?

"업라인에 있는 사람들로부터 도움을 받으라."

조직의 상부 성공한 사람 중에서 당신을 가르쳐줄 만한 사람을 찾아내라. 그리고 그 사람을 이용해서 프로스펙트를 끌어 들여라.

마크 야넬이 가입할 당시에는 초라하기 짝이 없었다. 조그마한 시골 교회 목사로 10년 동안 근무한 사람이었다. 텍사스의 석유와 부동산업계에 불황이 찾아왔다. 주마다 헌금이 줄어 들었다. 월급도 월 8백 달러로 곤두박질했다. 월부로 산 차를 은행에 되돌려 주어야 했다. 집의 할부금도 두달치가 밀렸다.

야넬은 그 당시를 이렇게 말한다. "굶을 지경이었지요. 문제가 심각했었습니다."

네트워크 사업에 참가는 했지만 처음 몇 달 동안의 수입은 다운라인에 있는 사람들에게 용기를 줄 정도가 되지는 못했다.

"사업을 시작한 지 두 번째 달에는 2백 17 달러를 벌었습니다." "그러나 장거리 전화를 거는데 8백 달러를 썼습니다."

야넬은 가입 희망자가 집에 찾아올 때마다 자기 집의 가난한 모습을 감추려고 했다. 낡아빠진 시보레 차의 유리가 깨지고 휠캡 두 개가 빠진 것을 보이지 않게 하려고 차를 이웃 골목에 감추어 두었다. 그러나 성직에 몸을 담았고 준법 정신이 강한 그는 자기 수입에 대해서는 거짓말을 할 수 없었다.

"처음 4개월에서 6개월 사이에는 이렇게 말하면 됩니다. 이제 막 사업을 시작했기 때문에 지금 수입은 형편없습니다. 그러나 그룹의 내 업라인은 한 달에 5만 달러를 법니다. 이게 그 사람 전화번호입니다."

불행하게도 야넬을 이 사업에 가입시킨 스폰서는 야넬만큼 무능하였다.

야넬은 말한다. "내 스폰서는 내가 가입한 그 전날에 가입하였습니다. 그러니 백지나 다름없었지요. 업라인에 있는 사람들을 추적해 보았습니다. 내 스폰서의 스폰서에게 전화를 걸었으나 이 사람도 아는 것이 별로 없었습니다. 사업을 시작한 지 두 달 밖에 안되었다나요. 그래서 다시 그 사람의 스폰서가 누구인지 알아 보았습니다. 마침내 리차드 콜에게까지 당도했습니다. 이 사람은 굉장히 많은 돈을 벌고 있었습니다. 사업에 대해서도 잘 알고 있겠구나 하는 생각이 들어서 롱 아일랜드에 있는 그에게 전화를 걸어 '당신이 시키는 대로 하겠습니다' 라고 말했습니다."

그 다음부터 야넬은 콜이 시키는 대로만 했다. 용기를 잃었을 때도 콜에게 전화를 하였고, 어떻게 해야 좋을 지 몰라 당황할 때도 부지런히 전화를 걸었다. 유리한 가입 희망자를 찾아냈을 때는 콜과 삼자 전화를 하였다. 콜은 사업에 대한 설명을 하고 판매계약에 대해서도 일일이 기록했다.

사업을 할 때 대부분의 사람들은 사업에 대해 지도해 주는 사람을 꺼린다. 사업이 잘 되어 바쁜 사람은 이와 같은 지도를 받을 필요가 없다고 생각한다. 그러나 네트워크 마케팅에 있어서는 업라인에 있는 사람이 당신을 도와주면 이익을 얻게 된다.

당신이 그 사람의 조직에서 아주 하부에 위치하고 있기 때문에 당신의 판매량에서 아무런 수수료가 생기지 않는다 하더라도 당신은 그 사람에게 좋은 투자가 된다. 사업 수완이 있는 사람이라면 자기 업라인에 있는 사람보다 판매 실적을 더 올려 몇 단계를 뛰어올라 '롤업' 할 수도 있는 것이다.

이리하여 마크 야넬은 오늘날 리차드 콜의 제1선 디스트리뷰터가 되었다. 처음으로 콜에게 전화를 했을 때 6단계 밑에 자리잡고 있었는데도 불구하고 ….

함정 4: 거절에 대해 마음을 쓴다

전화, 우편, TV 해설 광고를 통해서나 컴퓨터 통신 게시판을 통해서 네트워크 마케팅 가입자를 모집하더라도 마지막 단계에 가서는 전화로 말하거나 직접 만나거나 해서 생면부지의 사람에게 사업에 참가하도록 권유하여야 한다. 하지만, 퇴짜를 맞을 수도 있다. 초심자들은 이와 같은 퇴짜를 고지식하게 받아들인다. 그리고 자기 방법이 나빴다거나 기회가 좋지 않았다고 생각한다. 네트워크 마케팅에서 성공한 사람들은 이 모든 것이 타이밍 문제에 불과하다는 것을 잘 알고 있다.

"제 경험에 의하면 설명을 어떻게 하느냐 하는 것과 관계 없이 그 사람이 이 사업을 받아 들이는 적절한 시점에 놓여 있기만 하면 사업에 참여합니다. 반대로 그 사람 생애의 적절한 시점이 아니라면 아무리 훌륭하게 잘 설명을 한다 하더라도 사업에 참가하지 않을 것입니다."

이와 같은 사실을 잘 알기 때문에 일류 네트워크 마케팅 사업가는 거절을 당하면 포기하고 다음 유망한 리크루트로 옮겨가야 한다는 것을 일찌감치 터득한다. 일류 네트워크 마케팅 사업가를 많이 길러낸 존 칼렌치가 이런 사정을 이렇게 표현한다. "SW, SW, SW--다음!" 이 말은 "어떤 사람은 가입하고 어떤 사람은 가입하지 않는다. 그게 어쨌다는거냐--다음으로 가자" ("Some will, some won't, so what - next!")

퇴짜도 퇴짜 나름대로 더 심한 것도 있다. 인 커비 라이트 부부는 몹시 호되게 퇴짜를 당한 적이 있다. 집단 거절을 당한 것이다. 큰 강연장에서 사업 설명회를 개최하였는데 단 한 사람도 나타나지 않았다.

맨 처음 설명회를 개최했을 때만 해도 라이트 부부는 쉽게 돈을 버는 방법을 발견했다고 생각했다. 이들 부부와 파트 타임 디스트리뷰터 10여명이 힘을 합쳐 57명을 설명회에 참석시킬 수 있었다.

라이트 부인은 그날 일을 이렇게 회상한다. "참 기분이 좋았습니다. 그날 밤 서너 명이 우리 사업에 참가하기로 약속했습니다. 일이 제대로 되어가나 보다 생각했습니다."

라이트 부부는 그 다음 달 다시 설명회를 열기로 작정하였다. 지난 번보다 사람들이 3,4배 더 모일 것이라고 기대했다. 시간이 되어 설명회를 시작하려는데 설명회장에 한 디스트리뷰터의 19세짜리 조카 한 사람 밖에 오지 않았다는 것을 알게 되었다. 그 애도 진짜 참석자는 아니었다. 자기 고모하고 구경 삼아 왔던 것이다. 라이트 부부의 디스트리뷰터도 7명 밖에 나타나지 않았다.

순간 몹시 당황하고 아찔하여 설명회를 취소해 버릴까 하는 생각이 들었다. 그런데 그때 스폰서가 일러준 말이 떠올랐다.

"그것은 언제나 해야 할 일은 꼭 해야 된다는 말이었다."

"나는 사람이 오건 말건 일단 하기로 작정한 일은 끝장을 내야겠다고 다시 생각했다."

정신없이 연단으로 올라가 라이트 부인은 설명회를 시작했다. 처음에는 그 8명의 청중들이 난처해하고 어찌할 바를 모르는 것 같았다. 그러나 참가자가 적은 것에 관하여 몇 마디 농담을 하자 청중은 차차 관심을 보이기 시작하였다. 얼마 안 가 청중들은 마치 그 강연장에 수천 명의 참가자가 있는 것처럼 갈채를 보내고 박수를 쳤다.

라이트 부인은 말한다. "우리는 어차피 설명회하는 연습이 필요했지요." "참가자는 모두 그 설명회를 한 번 더 듣고 싶어했습니다. 다음 설명회는 성공이었습니다. 그 설명회에 온다고 하였다가

불참한 사람들 중에는 아는 사람도 있었지요. 이 다음에는 더 훌륭한 설명회를 해야 되겠다는 생각을 했습니다. 몇 일후 설명회를 다시 열기로 하고 설명회에 오지 않은 사람들에게 그 이유를 전화로 물어보기로 했습니다."

비록 모든 상황이 포기해야만 될 처지였는데도 불구하고, 라이트 부부는 이 제도에 대한 확신으로 고비를 넘겼다. 시련의 순간에는 스폰서가 가르쳐 준 말에 의지했다. 만일 라이트 부부가 기가 꺾여서 그 설명회를 취소했다면 다음번 설명회는 엄두도 내지 못했을 것이다. 이들은 포기 하지 않고 사업을 추진하여 마침내 여섯 자리 수익을 올렸고 수천 명이 운집하는 설명회를 연달아 여러 번 개최할 수 있었다.

물론 대부분의 사업가들은 그런 대규모의 설명회를 개최하지도 않고 또 그렇게 보이콧을 당하지도 않을 것이다. 그러나 라이트 부부가 그 어려운 순간을 견뎌내게 한 원리는 가정에서 하는 소규모 모임에서도 단 한 사람의 상대를 만났을 때에도 똑같이 통용된다.

퇴짜를 맞는다는 것은 큰 충격을 준다. 그 자리에서 하던 일을 때려치울 수도 있다. 그러나 스폰서가 가르쳐준 규칙이나 절차를 그대로 고수하고 굳게 지키는 일이 자기 확신을 증가시키고 다음 시련에 맞서는 힘을 길러준다.

야넬은 말한다.

"설명회를 하는 사람은 가능한 많은 사람들에게 1년 내지 3년 동안 매일 사업에 대한 설명을 열심히 해주기만 하면 됩니다. 이렇게만 하면 참가자 수는 저절로 해결이 됩니다."

함정 5: 소매 판매를 등한시한다

가입자를 늘려 큰 조직을 만들려고 서두르다보니 소매 판매를 등한시하는 네트워크 마케팅 사업가들이 많다. "다운라인에 있는 사람이 물건을 팔아야지요." 라고 이들은 말한다. 그러나 다운라인에 있는 사람들은 당신의 본을 따르기 마련이다. 당신이 상품을 팔지 않으면 그들도 팔지 않는다.

사실 네트워크 마케팅에서 돈을 버는 방법은 한 가지밖에 없다, 상품의 유통이다. 프랜차이즈 특약점과는 달리 네트워크 마케팅 회사는 디스트리뷰터 자리를 매매하여 수익을 올리는 것이 법에 의해 금지되어 있다. 그리고 네트워크 마케팅회사는 제품의 반품에 대한 규정이 법률로 명시되어 있다. 이런 까닭에 네트워크 마케팅 회사의 수익은 결국 제품의 판매에서 생긴다.

그렇다고 네트워크 마케팅 사업가는 모조리 일생동안 소매 판매원이 되어야 한다는 것은 아니다. 사업이 잘 되어 가면 판매 행위 자체는 다른 사람에게 점점 위임하게 된다. 그러나 사업을 시작한 지 최초의 몇 달 동안은 소매 판매에 전념해야 한다. 이것을 통해 두 가지 중요한 목적을 달성할 수 있다. 우선 제품 판매 방법을 남에게 가르쳐 줄 준비를 하게 된다. 두 번째로 다운라인들이 전혀 또는 아주 조금밖에 벌어 들이지 못하는 처음 몇 달 동안, 직접 소매 판매로 수입을 올릴 수가 있다.

야넬은 다운라인을 구축하고 있는 동안 심히 쪼들리고 있었으나 자기 사업에 가입할 사람들 앞에서 체면을 차리기 위해 상당한 돈을 투자하기도 하였다. 돈 많은 어느 교회 신도가 돈을 꿔주어 거실에 가구, 대형 TV, 스테레오 장치를 들여 놓고 자동차도 할부로 구입했다. 야넬은 다달이 들어오는 청구서를 주로 회사 제품을 소매 판매한 수익으로 지불하였다.

"제품을 실어 나르기 위해 하루 다섯 번, 여섯 번, 심지어 일곱 번씩이나 운전을 하였습니다. 첫 달에는 연체된 자동차 할부금을 지불할 정도로 수입을 올렸습니다. 석달이 지나자 밀린 주택 할부금도 지불할 수 있게 되었습니다."

몇 달이 지나자 마침내 수천 달러가 넘는 짭잘한 수수료를 받을 수가 있었다. 살림이 어려웠던 처음 몇 달 동안은 한 달 생활비의 50%를 소매 판매의 수익금으로 충당하여 어려운 고비를 넘길 수 있었던 것이다.

함정 6: 꿈을 앗아가는 사람들의 말에 귀를 기울인다

"사업에 대한 충분한 교육을 받아서 자신이 생기고 마음의 준비가 되기 전까지는 다른 사람과 네트워크 마케팅 사업에 대한 토론을 해서는 안된다."

토론을 하게 되면 '꿈을 앗아가는 사람들'에게 굴복하고 만다. 친한 친척이나 직장 동료 또는 당신이 알고 존경하는 누구도 어설픈 네트워크 마케팅에 대한 지식으로 당신을 설득시키려 한다.

네트워크 마케팅에 대한 불신이 새로 가입한 사람들을 중도 탈락시키는 가장 큰 이유라는 것이 경험 많은 사업자들의 말이다. 이 사람들의 대열에 참가하기를 원하지 않는다면 이들을 무시하고 사업 그 자체에서 가치를 찾아내라.

빌은 갓 결혼한 신부 샌디를 아리조나주 피닉스에서 개최된 사업 설명회에 데려가는 실수를 저질렀다. 뉴욕 출신의 샌디는 연설하는 사람이 입은 체크 무늬 폴리에스터 바지와 고무 뒤축을 댄 신발을 보고 업신여기듯 눈을 흘겼다. 연사가 청중에게 파트타임으로 일해도 한 달에 2만8천 달러를 벌 수 있다고 하자, 얼굴을 찌푸렸다.

그 발표회가 파한 후 샌디는 중서부 태생의 '물정 모르는' 남편 빌에게 이렇게 말했다. "그 돈을 가지고 브루클린 다리를 살거예요. 그 사람 말을 곧이 듣는다면 세상에 못 믿을 게 하나도 없겠네요."

선의에 가득찬 많은 배우자들이 흔히 그러는 것처럼 샌디도 남편의 꿈을 앗아가고 있었다. 사랑하는 사람의 반대 때문에 네트워크 마케팅 사업을 시작하기도 전에 포기한 사람이 많다. 그러나 빌은 자기에게 한번 기회를 줘보라고 아내에게 사정을 했다.

"6개월만 해볼께, 그때 가도 일이 잘 안되면 내가 스스로 그만두겠어."

샌디는 6개월만 참기로 하였다. 그러나 그 6개월이 그렇게 힘들었다. 빌은 밤낮없이 일을 하였다. 의사로서 풀 타임 근무를 하고 저녁과 주말에는 네트워크 마케팅 사업을 하며 주 7일 하루도 쉬지 않고 일을 했다.

샌디가 말했다.

"잘 시간이 되어도 남편은 집에 돌아오지 않았습니다."

샌디는 걱정이 되어 아버지와 의논하였다. 남편의 첫 번째 수입이 1백 달러밖에 안된다는 것을 알게 된 장인은 노발대발했다.

"놈은 여자 친구가 생긴거야. 아니, 고작 1백 달러를 벌려고 30일을 밤낮없이 일하는 사람이 어디 있단 말이야. 렌트 카로 그놈의

뒤를 쫓아가 봐."

그러나 샌디는 마지막 판단을 조금만 보류하기로 했다. 다음 달 빌은 3백 달러를 벌어왔다. 그 다음 달에는 5백 달러를 가져왔다.

샌디는 말한다. "이 사업 때문에 우리 사이가 멀어지고 있다고 남편에게 얘기했습니다." "우린 같이 있지도 못했고 함께 외출도 못했습니다. 이 사업은 실패한 거라고 남편에게 말했어요."

그러나 빌은 초지를 굽히지 않았다. 6개월이 지나자 그의 수입은 3천 8백 달러로 껑충 뛰었다.

그 순간부터 샌디는 빌의 꿈을 앗아가는 일을 중지했다. 아니, 그녀는 그 이상이었다. 그녀도 풀타임 네트워크 사업을 시작했던 것이다. 빌이 몸져 누워 오랫동안 사업을 못할 경우에는 샌디가 남편을 도와주었다.

결국 이 부부는 네트워크 마케팅 디스트리뷰터로서 사업에 성공하였다. 그러나, 만일 빌이 아내의 말만 듣고 6개월 동안 네트워크 마케팅 사업을 실제로 해보지 않았더라면 지금과 같은 성공은 없었을 것이다.

꿈을 앗아가는 사람에 대한 최선의 방법은 공부를 하는 것이다. 예습과 복습을 하라. 사업에 대한 서적을 읽어 보라. 네트워크 마케팅이 갖추고 있는 강점을 잘 익혀둬라. 그래야만 꿈을 앗아가려는 사람들에게 확실하고 객관적인 사실을 들이대며 싸울 수 있게 된다.

"사람들이 우리 사업을 좋아하느냐 안하느냐, 이 사업을 좋게 보고 있느냐 그렇지 않느냐, 실제로 이 사업을 하고 있느냐 하고 있지 않느냐, 하는 것은 중요하지 않습니다. 네트워크 마케팅 시대는 이미 시작됐으며 우리는 이 역사의 흐름을 바꿀 수 없습니다." 하워드 솔로몬의 말이다.

함정 7: 스폰서를 괴롭힌다

스폰서는 당신을 도와주는 가장 중요한 원천이다. 제품을 판매하고 새 회원을 모집할 때 어떻게 할 지를 알려주고 힘을 주며 도와준다. 스폰서의 선의와 관심을 잃게 되면 생명줄이 끊기는 것과 같다. 끊임없는 불평, 한탄과 그밖의 여러가지 감정적인 요구로 스폰서를 지쳐버리게 하는 초심자들이 너무나 많다. 그들은 스폰서를 마치 정신과 의사처럼 생각한다. 디스트리뷰터로 성공한 대부분의 사람들은 이런 역할을 할 수 있는 시간과 교육과 인내심을 갖추고 있지 않다.

마크 야넬도 일이 잘 안되면 자기 스폰서에게 걱정거리를 털어놓고 동정을 구하기가 일쑤였다. 4개월 동안에 공들여 다운라인을 만들어 놓았더니 그 중 7명이 다른 회사로 옮겨가 버렸다. 의기소침하여 일이 손에 잡히지 않게 된 야넬은 자기 스폰서인 리차드 콜에게 전화를 하였다. "콜은 '청승맞은 짓하지 말고 일이나 하시오. 가버린 사람 때문에 안달을 해봤자 무슨 소용이 있겠소. 새 회원이나 찾아 보시오' 라고 말했다."

첫해 야넬은 이젠 그만 하겠다는 말을 여러 번 했었다. 그러나 스폰서는 사업을 더 해달라 사정도 하지 않고 으름장을 놓았다.

야넬은 말한다. "리차드 콜은 언제나 부드럽고 상냥하지만은 않았습니다." "콜은 나에게 '자네 말이 맞소. 소질이 없으신가보오. 더 이상 나를 괴롭히지 말아요.' 라는 식으로 답했습니다. 그래서 나는 전화를 끊고 다시는 그에게 전화를 하지 않겠다고 다짐을 했습니다."

그러나 야넬은 사업을 포기하지 않았다. 스폰서가 직접 내 일을 대신 맡아 주는 것 말고는 내 불만을 해결해 줄 방법이 없다는 것을 알게 되었다. 불쌍한 자기를 도와 달라는 요구를 스폰서가 뿌리침으로써 야넬은 성공으로 치닫게 하는 힘을 얻을 수 있었다. 그 힘이란 자기 자신의 능력을 증명하려는 단호한 결심이었다.

"리차드 콜은 참 혹독한 스폰서였습니다. 그러나 그 방식은 강력하고 효과적이었습니다. 내가 필요로 했던 것이 바로 그것이었습니다. 내 실상을 밝혀주는 사람이 필요했지요. 나는 겁이 많고 핑계만 둘러대는 사람이라는 사실을."...

샌디는 자신을 '키워주는' 스폰서라고 자랑한다. 그는 리차드 콜이나 마크 야넬처럼 "하고 싶으면 하고, 싫으면 그만 두라"는 식의 가혹한 방법은 쓰지 않는다.

샌디는 말한다. "나는 정원사이지 사냥꾼이 아닙니다. 나는 달래고 돌봐주고 칭찬하고 동기부여를 하며 스폰서 일을 합니다."

그러나 스폰서가 모든 걸 당연히 해주는 것으로 생각하면 샌디와 같은 암탉도 "병아리"를 쫄 때가 있다.

샌디는 다니엘 부시넬이라는 카톨릭 신부를 회원으로 가입시킨 일이 있었다. 그 사람은 자기 앞가림을 전혀 못했다. 째지게 가난한 시골에서 자랐고 신부로서의 서약을 했기 때문에 '뿌리 깊은 가난 의식'을 가지고 있었다고 한다. 그러나 부시넬은 자기 생활 태도를 바꾸기 원했다. 돈을 번다는 것에 대한 공포심을 극복하려고 필사적으로 노력하고 있었다.

"부시넬은 한 달에 2천 달러를 벌고 싶다고 내게 말했습니다. 모든 시간을 여기에 쏟아 넣어 전력을 다해 일하고 그 목적 달성을 위해서 내가 시키는 대로 다하겠다고 다짐했습니다."

그러나 열 달이 지났는데도 부시넬은 아직도 서서 헤엄을 치고 있었다. 계획을 실천에 옮기지 않았고 규칙적으로 일하려 하지도 않았다. 상품 소매와 회원 가입을 늘리라고 종용해도 소용이 없었다. 그 결과 부시넬은 한 달에 고작 2백 달러 밖에 벌지 못했다.

"열 달 동안 부시넬은 사업에 전념하지도 열심히 일하지도 않고 우리들의 기대도 저버렸습니다. 사업 활동도 하지 않고 지시를 무시하고 계획대로 일을 추진하지도 않았습니다."

어느 섣달 그믐날 샌디는 새해 계획을 세우고 있었다. 갑자기 부시넬에게 전화를 걸고 싶은 생각이 들었다.

"나는 그에게 '당신은 참으로 굉장한 사람이고 일생동안 친구가 되기를 바랍니다. 그러나 사업 동업자로는 형편없으니 당장 내 사업에서 손을 끊었으면 좋겠습니다.'" 그리고 전화를 끊기 전에 "'그건 그렇고 어머니께 크리스마스 선물로 무엇을 보냈지요?'" 라고 쫑코를 줬다.

처음에 부시넬은 샌디의 이 '거친 사랑' 에 대해 노여움을 느꼈다.

"나중 일이지만 그때 부시넬은 몹시 화가 났다고 했습니다. 전화를 받고 그는 몹씨 언짢아했답니다. 그러나 부시넬은 다음날 전화를 걸어 이렇게 말했습니다."

"'자 이제 일할 준비가 되었습니다.'"

오늘날 부시넬은 샌디의 최고 디스트리뷰터 중 하나가 되었다. 그리고 새 가입자에게 샌디의 인생철학인 '거친 사랑' 으로 가르친다.

부시넬은 말한다. "나도 내 다운라인을 최대한 도와주고 싶습니다. 우리 스폰서들은 열성과 확신과 헌신의 본을 스스로 보여야만 남을 인도할 수 있다고 생각합니다. 스폰서는 어머니 역할만 해서는 안되며 전사, 지도자, 그리고 정복자가 되어야 합니다."

강점과 약점

제3 물결 네트워크 마케팅은 그 제도와 테크놀러지에 불구하고 이 일곱 가지 치명적인 함정을 완전히 벗어날 수가 없다. 이것들은 인간 본질의 강점과 약점을 그대로 나타내고 있다. 여기에 당신의 네트워크 마케팅 사업이 성공하느냐 실패하느냐의 미묘한 밸런스가 달려 있다.

그러나 당신의 사업에 대한 기회를 최대한으로 창출할 수 있는 한 그 제도에 의존해야 된다. 제3 물결 태도는 당신의 인내심을 매일 요구한다.

핑계를 대지 말라. 결정짓는 것을 미루지 말라. 하루라도 생산하는 일이 없이 지내지 말라. 이래야만 제3 물결 하부구조의 미묘한 공동 작용이 당신을 알게 모르게 도와줄 것이다.

제 5 장

제3 물결 판매술

"나에게 네트워크마케팅에 대해 다시는 얘기하지 말란 말이요. 그 얘길 또 꺼내면 다시는 상대도 하지 않겠습니다. 그 소리는 듣기만 해도 진저리가 난다고요." 이런 퇴짜를 받는 것이 판매원으로서는 절망적인 일이다. 게다가 자기가 존경하는 사람으로부터.... 데니슨은 완전히 기가 꺾였다.

데니슨은 자기 사업과 제품에 대해 이야기하는 것을 좋아했다. 그 얘기만 하면 신이 났다. 데니슨은 디스트리뷰터가 된 후부터 줄곧 3피트법을 지켜왔다. 3피트 반경 안에 있는 사람은 모두 자신의 판매 대상자로 물고 늘어졌다. 에어로빅 같은 반에 있는 여자동료에게 이 판매 전술을 사용한 것이 한두 번이 아니었다. 그러나 이제는 자기가 너무 지나친게 아닌가 하는 생각이 들었다.

데니슨은 말한다. "그후 나는 다시는 그녀에게 네트워크 마케팅 사업에 대해 이야기 하지 않았습니다. 친구를 다 놓쳐버릴 정도로 정면으로 맞서고 싶지는 않았습니다."

대부분의 사람은 물건 팔기를 싫어한다

〈업라인〉 편집장인 존 포그는 얘기한다. "간단한 테스트를 하나 해 봐라. 당신 제품을 사지 않겠다는 사람을 몇 사람이나 더 만난다면 사업을 중단하겠습니까? 그 숫자는 대부분의 사람에게 있어서 놀랄 만큼 적습니다. 아마 세 사람 내지 많아야 열 사람 정도일 것입니다."

사실에 직면해야 한다. 대부분의 사람은 물건 팔기를 싫어한다. 물건을 팔려면 끊임없이 남에게서 거절당할 지 모르는 위험을 무릅써야 하기 때문이다.

매트로폴리탄 생명보험회사 사장 존 크리돈은 그의 저서 〈낙천주의 학습〉에서 매년 보험 판매원 지원자 6만 명 중에서 5천 명만을 선발한다고 말한다. 이 5천 명의 반이 첫해에 탈락한다. 나머지 사람도 판매 실적이 해마다 줄어간다. 3년이 지나면 80%가 그만둔다. 크리돈에 의하면 매년 보험업계의 총 판매원의 50%가 탈락해 버린다고 한다.

크리돈의 결론이다. "판매하는 것은 쉬운 일이 아니다." "판매를 잘하고 마지막까지 포기하지 않는 사람은 비상한 사람이라고 할 수 있다."

보험회사 판매원이 왜 이렇게 많이 탈락하는가? 사람들의 퇴짜 때문이라고 크리돈은 말한다.

"대단히 우수한 판매원도 퇴짜를 맞는 일이 허다하다. 그것도 대부분은 연거푸.... 보험 판매원이 일단 기가 꺾이면 남의 퇴짜를 받아 들이기가 점점 더 힘들어진다. 마음을 다잡아 먹고 다음 사람과 만나려면 더욱더 애를 써야 한다. 마침내는 그 노력을 모두 포기해 버린다."

산전수전 다 겪은 판매원도 이렇게 의기소침하여 포기해 버린다면 사회 각계 각층에서 새로 판매원이 된 사람이 어떻게 이 일을 감당할 것인가?

그 대답은 대부분의 사람은 감당하지 못한다. 적어도 지금까지는 그랬다.

제3 물결 판매

그러나 네트워크 마케팅은 변화하고 있다. 최첨단 제3 물결 방식은 네트워크 마케팅 사업가로 하여금 사람들의 퇴짜에서 받는 충격을 없앨 수 있도록 판매 방식을 다듬고 완성시켰다. 또한 이들 회사는 판매원의 자존심을 되살려주는 고유의 방식을 마련해 주고 있다. 이 방식은 대기업에서 돈을 많이 들여서 하는 동기유발 직원 연수 계획을 무색케 한다.

이 새로운 판매전략은 일반 판매인의 능력을 증폭시키고 그들이 가장 두려워하는 것을 피할 수 있게 해준다. 이 방식은 앞으로 판매술이라는 말 자체에 대한 새로운 정의를 요하게 될 것이다.

나는 그것을 '제3 물결 판매술' 이라고 부른다.

네트워크의 힘

제3 물결 판매술은 개인이 겪게 되는 곤욕을 네트워크에 전가시킨다. 물론 어떠한 제도가 아무리 세련되었다 하더라도 남의 퇴짜를 받는 데서 생기는 고통을 완전히 없애 주지는 못한다. 그리고 이것이 모든 판매 전략을 꼭 성공시킨다는 보장도 없다. 그러나 제3 물결 방식은 개개 판매원에게 최대의 능력을 발휘할 수 있도록 만들어진 기술적인, 인간적인, 정신적인 기반을 마련해 준다.

거대한 방송국의 반향실(反響室)처럼 제3 물결 네트워크는 개개 판매인의 노력을 수십배로 증폭시켜준다.

데니슨의 경우처럼, 화를 잔뜩 내고 있는 에어로빅 동료 여자에게는 아무 것도 팔 가망이 없다. 팔려는 노력도 헛 수고가 된다. 데니슨은 여느 사람처럼 물건 파는 일을 단념하고 그 여자에게 다시는 사업 이야기를 꺼내지 않았다.

그런데 2년이 지난 후 데니슨은 깜짝 놀랄 전화를 받았다.

"나도 당신의 사업에 끼어 주세요." 낯익은 목소리였다. 바로 그 에어로빅을 같이 했던 여자였다.

전혀 마음내켜하지 않았던 그 여자를 데니슨 쪽에서는 아무 노력도 하지 않고 자기 사업으로 끌어 들였다. 데니슨은 그저 자기 네트워크 사업에만 열중하였을 뿐이었다. 데니슨이 그 여자를 처음 만났던 콜로라도주의 아스펜을 떠난 지 오래된 후에도 주변에서 점점 성장해 가는 데니슨의 네트워크를 느낄 수 있었다.

그녀가 아스펜 어디를 가거나 데니슨의 디스트리뷰터나 고객을 만났다. 그녀와 데니슨이 함께 알고 있는 친구들이 데니슨의 사업이 잘 되어 행복하게 살고 있다는 것을 알려 주었다.

그녀는 말한다. "친구 집에 갔을때 데니슨의 네트워크를 통해서 주문한 제품들이 목욕탕에 널려 있는 것을 보았지요. 데니슨의 다운라인으로부터 발산하는 매력과 성공의 영향력에서 벗어날 길이 없었습니다. 차라리 거기에 참가하여 그 열기를 나누고 싶었습니다."

평생의 고객

열심히 상품을 팔면 평생동안 당신의 고객이 될 것이다. 일단 당신의 네트워크에 가입한 고객은 계속해서 거기에 머물러 있고 떠나려고 하지 않을 것이다.

데니슨과 같은 에어로빅 반에 있었던 여자 동료도 디스트리뷰터로 사업에 참가하였다. 그러나 대부분의 새 가입자가 그러듯이 그녀도 디스트리뷰터 일은 오래 하지 못하고 데니슨이 파는 제품을 정기적으로 구입하여 사용하고 있다. 오늘날까지도 그녀는 데니슨의 가장 충실한 고객으로 남아있다.

고객 네트워크를 만들다

제3 물결 판매원은 고객 네트워크를 구축한다. 자기가 직접 쓰기 위해 또는 가족을 위해 제품을 도매가로 구입은 하지만 디스트리뷰터가 되는 데에는 관심이 없는 수많은 사람들을 자기 다운라인에 가입시킨다.

데니슨은 말한다. "나의 다운라인을 구성하고 있는 약 70%는 도매가로 제품을 구입하는 사람들입니다. 자기 조직 내에 될 수 있는 대로 많은 도매 구입자를 확보하는게 좋습니다."

네트워크 마케팅만이 제품의 판매를 통하여 새로운 삶을 시작할 수가 있다. 재래식 판매원은 할인, 환불, 보증 기간, 애프터 서비스 계약 등을 통하여 구매자의 제품에 대한 관심을 불러 일으킨다. 그러나 네트워크 마케팅 사업가는 상품을 사는 고객들에게 새로운 미래에 대한 문을 열어준다.

총체적인 판매문화

제3 물결 네트워크에 참여하는 고객들은 21세기 기본 유통 경로에 일찌감치 참여하게 된다. 말하자면 '총체적인 판매문화권'에 가입하게 되는 것이다.

미래에는 네트워크 마케팅이 모든 기업 분야를 침투할 것이며 땅끝까지 확대해 나갈 것이다. 판매자와 소비자가 서로 얽혀서 이룩하는 이 조직체는 그물처럼 단단히 얽혀서 혼연일체를 이룰 것이다.

어떤 한 네트워크 마케팅 회사의 디스트리뷰터는 대여섯 개의 다른 네트워크 마케팅 회사의 도매업자가 되기도 한다. 그 반대의 경우도 물론 성립한다.

판매 행위는 일상 대화의 일부분이 된다. 당신 이웃이 당신이 추천한 어떤 청소기를 사고 싶다는 관심을 표명했다고 하자. 이런 경우에는 당신의 고유 번호(PIN number)를 그 사람에게 알려주기만 하면 된다. 그 사람은 그 고유 번호를 이용, 홈 쇼핑 네트워크를 통하여 그 제품을 주문한다. 당신의 고유 번호를 사용하여 주문을 하면 이와 함께 그 물품 판매에 따른 수수료를 회사는 당신에게 보내게 된다. 이 수수료는 그 사람이 앞으로 동일한 네트워크회사의 제품을 살 때마다 당신에게로 돌아간다.

판매는 이론보다 타고난 재능

최근에 와서 큰 기업의 판매원은 점점 더 과학자처럼 처신하고 있다. 판매원들은 정신과 의사들보다도 더 프로이드에 대한 공부를 한다. 이들은 신경 언어학적인 프로그래밍을 통하여 소비자의 선택을 처리한다. 이들은 또한 아인슈타인도 어리둥절할 만한 고등수학을 활용하여 미래에 대한 정교한 예측을 한다.

어느날 대기업의 판매부서에는 미우주항공국 관제실의 요원들을 뺨칠 정도의 전문가들로 가득차 있다. 거래 담당 전문가, 계약조건 전문가, 계약서 작성 전문가 등등.

이와 같은 전문가를 통해 회사 제품을 더 많이 팔 수 있는가? 아무도 모른다. 그러나 한 가지만은 분명하다. 네트워크 마케팅 사업에는 이런 것이 전혀 필요없다. 세월이 흘러감에 따라 네트워크 마케팅 사업가는 이와 같은 과학적인 판매 방법에 편승할 시간도 없고 생각도 없으며 필요도 차차 없어져 가는 것 같다.

그 이유는 무엇일까?

제3 물결 조직에 있어서는 네트워크 자체가 이와 같은 모든 과학적인 측면을 전담하고 있기 때문이다. 이 시스템에는 전문가가 만든 판매 전략이 모두 담겨 있다. 제품 설명에 관한 문구는 속속들이 전문가가 작성한다. 제품 유통 문제는 자동화된 수신자 부담 전화에 의하여 전자 공학적으로 모두 처리되었다. 제3 물결 회사의 판매원은 누구나 똑같이 좋은 제품을 가지고 동등한 기회가 주어진다.

하워드 살러몬은 말한다. “우리는 15~20분 정도의 방범 보완 장치 설명회를 가졌습니다.” “그것은 비디오로도 할 수 있고 오디오테이프로도 할 수 있습니다. 설명서를 그냥 읽기만 해도 되고 외워서 말할 수도 있습니다. 어떤 방법으로 해도 그 효과는 기가 막힙니다. 이 프로그램을 통하여 수없이 많은 제품 판매를 할 수 있습니다.”

기술적인 분야를 이처럼 최소화하였기 때문에 제3 물결 판매원이 다른 사람보다 빼어나야 할 영역은 딱 한 곳밖에 없다. 개인적인 재능 뿐이다. 제3 물결 조직에 있어서는 네트워크 마케팅 사업가의 개인적인 매력의 분위기가 다운라인에 있는 사람에게나 고객에게 영향력을 발휘한다. 당신 네트워크의 고객들은 당신이 팔고 있는 제품 못지 않게 당신의 인품에 끌려 네트워크에 계속 남아있게 된다.

가득찬 활력

"이 천부적인 재능의 진수는 어떤 이상이나 목표에 대한 당신의 헌신을 보여 주는 데 있다."라고 커뮤니케이션의 대가인 아일즈는 〈석세스〉지에 썼다.

목표에 대한 뚜렷한 헌신을 캐티 데니슨만큼 잘 보여준 사람은 없었다. 어렸을 때부터 그는 자기가 무엇을 원하는지를 잘 알고 있었다.

그는 말한다. "나는 백만장자가 되고 싶었습니다."

데니슨은 일생의 대부분을 자기 코를 유리창에 짓누르고 바깥에 보이는 큰 부자들의 세계를 살펴 보았다. 그녀가 살던 콜로라도의 애스펜은 세계적으로 유명한 스키 리조트가 있어서 영화배우나 백만장자들이 단골로 모여드는 곳이다. 부자들을 위해 일을 하면 그들과 친해질 수 있다는 것을 알게 되었다.

애스펜의 최고급 여성 의상실에 취직을 한 후부터 데니슨은 시의 명사들을 여러 사람 만났으며 그들의 파티에 초청받은 일도 있었다. 그러나 딸 하나를 길러야 하는 홀어머니라는 자기 처지를 결코 잊을 수가 없었다. 또한 사는 형편이 어려워서 직장에 나갈 때마다 똑같은 옷을 계속 입을 수밖에 없었다.

"나는 언제나 일만 해야 했는데 그 여자들은 매일 스키나 타고 쇼핑을 하며 값비싼 옷을 사 입거나 그렇지 않으면 비행기를 타고 팜스프링에까지 가서 피부 손질을 받곤 했습니다. 나는 그 사람들을 질투 하지는 않았지만 내 나름대로 느끼는 것이 있었으며 새로운 세계에 내 눈을 뜨게 했습니다."

판매망

나이아가라 폭포의 맹렬한 물길은 억제하지 않으면 거칠고 파괴적인 힘에 지나지 않는다. 수력발전용 터빈을 통과하고 변압기와 고압선이라는 '전력망'을 통하여 나이아가라의 무서운 급류는 거실의 등을 밝히는 연료로 바뀐다.

이와 마찬가지로 제3 물결 판매원의 천부적인 능력도 그것만 가지고는 제품 하나도 움직일 수가 없다. 이 재능은 제3 물결 조직을 형성하는 눈에 보이지 않는 조직망, 절차, 인간적인 교류, 통신 수단이라는 판매망을 통해서만이 제어하기 어려운 힘이 쓸모있는 방향으로 승화하여 그 효력을 발생하게 된다.

혼돈의 힘

데니슨의 성공하고 말겠다는 집념은 그를 힘과 행동의 불덩이로 만들어 놓았다. 그의 나이 26세 때 갓난아기 딸과 살림살이를 자동차에 싣고 애스펜으로 이사를 했을 때부터 데니슨은 불길같은 야심에 휩싸였다. 그러나 어머니의 역할과 밥벌이하는 두 가지 일을 다 잘해야 되겠다고 무진 애를 썼는데도 불구하고 두 가지 다 별로 신통치 않았다.

그는 이 직장 저 직장을 옮겨 다니면서 지붕도 얹고 가구 수리도 하고 페인트 칠도 하였다. 식당 장식용 꼴라쥬도 만들고 숲에 가서 들꽃을 꺾어 꽃꽂이 용으로 파는 일도 하면서 닥치는 대로 가내 수공업 일도 해 보았다. 건강 식품점에서 기름과 약용 식물을 사서 조그마한 단지에 넣어 자기가 그린 레이블을 붙인 화장품도 만들어 팔아 보았다.

하지만, 이와 같이 맹렬한 활동에도 불구하고 살림은 그저 궁핍하기만 하였다. 극빈자용 식권 없이는 자기 딸도 제대로 먹여 살릴 수가 없었다. 손대는 사업마다 다 실패하였고, 결국 풀 타임 직업으로 되돌아와 하루하루 커가는 딸을 온종일 집에 혼자 남겨두지 않으면 안되었다.

데니슨의 열정은 나이아가라 폭포수처럼 힘차고 무진장 끝이 없었다. 그러나 그 힘은 무작정 일만 열심히 하고 사업에 대한 구상만 해 보았지 제대로 흐르는 통로가 없었기 때문에 흐지부지 안개처럼 흩어져버렸다.

직선형의 함정

데니슨은 기업가가 아니었다는 것이 문제였다. 그는 조그마한 사업가에 불과했다. 여러가지 계획도 세우고 궁리도 해 보았지만 자기가 하는 일의 종류만 늘려갔을 뿐이었다. 이런 일만 가지고는 충분한 돈을 벌 수가 없었다.

외관은 내면의 세계를 반영한다

데니슨은 그 근본적인 문제를 깨닫지 못하였기 때문에 차차 힘이 빠져 나갔다. 잠시 동안 결혼생활에서 일시적인 피난처를 찾았을 뿐이다. 무능한 남편과 5년 동안 결혼 생활을 하다보니 시정은 전보다 더 나빠졌다. 결국 술에 잔뜩 취해 화를 내는 남편을 피해 경찰 보호를 받으며 딸과 함께 도망가지 않으면 안되었다.

데니슨은 말한다. "결혼에 실패한 후 내 자존심은 산산조각이 났습니다."

그러나 그보다 더 심각한 문제가 있었다. 이혼하기 전 데니슨 부부는 세탁소 사업을 하였다. 겉으로는 잘 되는 사업 같았다. 남편은 세탁물을 얻으려고 가가호호 찾아다녔다. 그러나 이런 것이 과연 내 사업이라고 할 수 있을까, 하는 생각을 뿌리칠 수 없었다.

세탁에 사용하는 화공약품 때문에 피부염이 생겼다. 세탁물을 맡기는 부유층 사람들은 옛날 자기가 일하면서 만났던 사람들이 대부분이었다.

"이루 말할 수 없이 굴욕적이었습니다."

데니슨이 꿇어 엎드려 화장실을 닦고 있을 때 세탁물을 가지고 오는 손님들의 낯익은 목소리가 들려왔다. 자기가 잘 아는 사람, 친구, 유명한 영화배우들도 있었다.

"나는 내 처지를 돌아보고 이보다 나은 일이 왜 없겠는가 하는 생각이 들었습니다. 대체 지금 나는 무얼 하고 있는 걸까? 나는 왜 집안 청소만 하고 그들은 매일 스키를 타고 있을까? 그 사람들과 나는 무엇이 다르단 말인가? 나는 왜 일만 하고 그들은 왜 자유를 만끽하고 있는 것일까?"

내부의 질서

데니슨의 물음에 대한 대답은 사실 간단했다. 그에게는 '내부의 질서'가 없었다. 시장(市場)의 경제적 혼돈을 정리하고 일정한 질서를 유지케 하는 일은 거물이나 천재만이 할 수 있다. 이런 재능을 소유하고 있는 사람은 대사업가가 되고 대기업가가 된다. 그러나 대부분의 사람은 남의 지도를 받아야 한다. 누군가가 이 시장을 정리해 주기를 바라고 있다. 그들은 자기 내부에 갖고 있지 않는 질서를 갖다 주는 사람을 필요로 한다.

데니슨은 자기 기업을 갖겠다는 꿈이 점점 더 멀어져 가는 것을 느꼈다. 이제 43세가 된 그녀는 사업가가 아니고 가정부였다. 매일 꿇어 엎드려 남의 집 화장실 청소를 하고 있었다.

절망에 빠진 그녀는 부동산 중개업을 할까도 생각해 보았다. 그러나 데니슨은 마음 속 깊이 또 한번 속상한 일을 당할 지도 모른다는 생각이 들었다. 그 일에 대해서 다시 배워야 하고 전혀 다른 업무 방식을 익혀야 하며 딸을 돌보고 청소 일을 하면서 사업 내용을 새로 배워야 했다. 그렇게 해봤자 그 사업도 결국에는 혼돈과 실패로 끝나리라는 것을 잘 알고 있었다.

친구들은 그에게 청소 특약점을 시작해 보라고 권하였다. 매일 하는 고된 청소일을 어떻게 특약점으로 만들 수 있을지 데니슨은 막막하기만 하였다. 차차 자기 자신의 힘으로 사업을 한다는 것이 어렵다는 것을 깨닫게 되었다. 누군가 남이 이루어 놓은 잘 다듬어진 제도가 있어서 그것을 통해 자기 힘을 발휘할 수 있는 그런 시스템을 필요로 했다.

데니슨은 말한다. "나는 나이 50에도 남의 집 청소부 일을 하고 싶지는 않았습니다. 그래서 신께 경제적인 독립을 이룩할 수 있게 해 달라고 기도했습니다. '일생동안 백만장자가 되기를 원했으나 이제는 경세적 독립을 할 수 있는 것은 무엇이라도 좋으니까 꼭,이루게 해 주십시오' 라고 기도했습니다."

소매냐 도매냐? 궁극의 판매 작전

어느날 데니슨은 스노매스의 부촌으로 이사간 새 고객에 대한 전화 연락을 받고 마지못해 그 집으로 일을 하러 갔다.

그는 그때 일을 이렇게 말했다. "거기서 일하기가 영 마음에 내키지 않았습니다."

그러나 그 청소 일이 그의 일생을 변화시키는 계기가 되었다. 그 집 주인은 네트워크 디스트리뷰터였다. 집에 들어서자 데니슨은 온 집안에 화장품 상자가 널려 있는 것을 보았다. 과거에 화장품 사업에 손댄 적이 있었기 때문에 그 제품의 성분이 대단히 고품질인 것을 즉각 알 수 있었다. 그 집 주인에게 이 제품을 어디서 구했느냐고 물어 보았더니 집 주인은 "우리는 네트워크 디스트리뷰터입니다"라고 대답했다.

데니슨의 청소를 부탁한 그 집 주인은 '마크 야넬' 이었다. 그는 데니슨에게 궁극적인 판매작전을 썼다.

"이 제품을 소매가로 나에게서 사겠습니까? 아니면 디스트리뷰터가 되어서 도매가로 사겠습니까? 어느쪽이든 마음대로 하십시오."

연합 판매

네트워크 마케팅 사업가들은 소매 판매와 새로운 회원 가입 활동을 분리하는 데에 대해서는 찬반 의견이 있다. 그러나 실제에 있어서는 이 두 가지를 병행시키는 것이 가장 효과적이다.

야넬과 처음 만난 데니슨도 대부분의 네트워크 마케팅 사업가가 하는 방식대로 통합 판매 방식에 의해서 네트워크 마케팅 가입을 결정하게 되었다.

만일 야넬이 소매가로 이 제품을 살 수 있다고만 말했다면 데니슨은 두말없이 그 제품만을 샀을 것이다. 아니, 제품이 비교적 비쌌기 때문에 사기를 주저했을 지도 모른다. 어쨌거나 야넬은 물건을 팔 수는 있었을 지 모르나 고객 네트워크를 구성하지는 못했을 것이다. 그러나 데니슨은 도매가와 소매가 중에서 택일을 하라는 제의를 받자 머리를 재빨리 회전시켰다.

"내 친구들도 이 제품을 살 것이라는 생각이 들었습니다. 그래서 차라리 디스트리뷰터가 되어서 도매가로 물건을 사서 쓰기도 하고 친구들에게 이 제품을 팔 수 있을 테니까 하는 생각이 떠올랐습니다."

꿈을 팔아라

처음 만난 고객이 제품에 관심을 표명하기만 한다면 그 꿈을 생각해 볼 수 있도록, 그 "꿈"에 대한 설명을 해줘서 손해볼 것은 없다. 그 꿈이란 무엇인가? 물론 경제적 자유를 이룩하는 꿈을 말한다.

"당신이 디스트리뷰터가 된다고 하니까 보여줄 게 하나 있습니다." 데니슨의 대답을 듣고 야넬이 말했다.

야넬은 자기 침실로 사라지더니 만 오천 달러짜리 1개월 수수료

수표를 가지고 나왔다.

"이 돈은 지난 달 이 사업을 해서 번 돈입니다." 야넬이 미소를 띄우며 말했다.

"나는 충격을 받았습니다. 그 말을 믿을 수가 없었습니다. 내가 지금까지 가장 돈을 많이 번 것이 한 달에 기껏 4천 달러였지요. 나는 '어머나, 어떻게 그렇게 큰 돈을 벌었어요?' 라고 물었습니다."

판매 도구로 하여금 판매케하라

제3 물결 시스템에는 당신 대신 판매를 직접 담당하는 비디오, 오디오 테이프, 간행물 등 전문적으로 제작된 여러가지 판매 도구들이 풍부하게 있다.

이들 도구를 잘 활용한다면 새 가입자를 권유, 모집하는 시간을 더 많이 갖게 될것이다.

잘 제작된 회원 가입용 비디오는 제품에 대한 권위를 더해 주고 사업을 도와준다. 제품, 보상 계획, 그리고 네트워크 마케팅의 개념 자체에 관한 내용을 30분 안에 효과적으로, 흥미있게 제공한다. 당신은 아마 그렇게는 못할 것이다.

데니슨이 그렇게 많은 돈을 어떻게 버느냐고 물어 본 순간부터 야넬은 그녀가 걸려들었다는 것을 알았다. 야넬은 이 질문에 대답하기 위해 자신의 오후 시간을 바치지 않았다. 대신 이렇게 말했다.

"그것을 설명드릴 시간이 지금은 없습니다. 이 비디오 테이프를 집으로 가지고 가서 한번 틀어보고 생각해 보는게 어떻겠습니까?"

승수 효과

비디오 테이프 한 개만 있으면 한 사람에게 물건을 팔려고 노력하는 시간을 들여서 온 가족과 친구 여럿에게 영향을 줄 수 있다.

데니슨은 집에 VCR이 없었기 때문에 야넬이 빌려준 비디오 테이프를 자기 친구 집에 가져가서 둘이서 함께 보았다. 그 다음에는 그 비디오 테이프를 딸의 집에 가지고 가서 딸과도 함께 보았다. 그 비디오 테이프는 그 동안에 한 사람이 아니라 세 사람의 마음을 움직여 놓았던 것이다.

네트워크를 팔아라

네트워크를 팔지 않고는 연합 판매를 제대로 했다고 할 수 없다.

제품이나 사업의 기회에 대한 판매 활동만 하지 말고 어떤 특정 회사를 통해서 제품을 팔거나 사업을 하는 것의 편리성과 거기서 얻는 지원 등도 함께 판매해야 된다는 뜻이다.

당신이 판매 활동을 하고 있는 동안 가망 고객은 실제로 이 사업을 하는 것이 얼마나 힘든가 하는 것을 유심히 살펴보고 있다. 당신이 제품이나 사업에 대한 설명을 3시간 동안 한다면 대부분의 가망 고객은 일주일 동안 그런 3시간짜리 판매 마라톤을 몇 번이나 할 수 있을까를 부지런히 계산하게 된다.

그러나 당신이 해야 할 일이 비디오 테이프 하나를 넘겨주는 것 뿐이라면 "그것 참 쉽군. 한 사람에게 몇 분밖에 안걸리잖아. 이건 나도 할 수 있다."라고 생각할 것이다.

데니슨은 비디오를 본 후 지금까지 자기가 했던 사업들이 무엇 때문에 실패했는 지 깨닫게 되었다. 네트워크의 도움이 없었던 것이다. 데니슨보다 더 똑똑하고 경험이 많은 사람들이 만들어낸 조직의 힘이 없었던 것이다. 그녀의 독특한 재능을 '갑절 효과'에 의해 확대시키고 꽃피게 할 수 있는 네트워크의 도움이 없었던 것이다.

데니슨은 말한다. "5 곱하기 5 조직 확대 방법 (5명의 사업 지도자를 가입시키면 그 5명이 또 각각 5명의 사업 지도자를 가입시키는 표준 기법)을 알게 되자 나도 이 사업을 할 수 있다는 것을 깨닫게 되었습니다. 목표를 달성하고 경제적인 꿈을 이룩하는 사업이 바로 이것이라는 것을 알게 되었습니다."

이 네트워크의 또 하나 판매상의 특징은 '소매 이득'이나 '직접 선택'과 같은 생산자 직송 제도다. 네트워크 판매의 미래에 대해서 더 알고 싶으면 당신이 가입한 회사의 홍보 영상물이나 새 판매 계획 등을 통하여 알아볼 수가 있다.

상대방이 같이 밀 때까지 밀어붙이라

너무 밀어붙이면 네트워크에 계속 남아 있을 지도 모를 고객 마음마저 쫓아버리고 만다. 사람들의 반응에 세심한 주의를 할 줄 알아야 한다. 고객이 밀어 붙인다고 느끼는 것 같으면 밀기를 중지하고 한 박자 쉬어라.

데니슨은 말한다. "얼마 동안 제품을 사준 고객 전원에게 디스트리뷰터를 해보라고 권했었지요." "그랬더니 '나는 디스트리뷰터가 되고 싶지는 않아요. 물건이나 사서 쓰겠습니다'라고 대답하는 사람들이 많았어요"

이때는 속도를 조절하고 기달려야 한다.

고객 20명을 우선 확보하라

연합 판매 테크닉을 사용하면 프로스펙트(가망고객) 한 사람, 한 사람을 다 목표로 삼는 것이 거의 불가능하다. 그러나 일단 판매 활동을 시작하면 디스트리뷰터 한 사람을 만들기 전에 20여 명의 소매 고객 확보를 목표로 하는 것이 사업 훈련상 도움이 된다.

제품을 유통시키기 위해서는 소매 고객을 확보해 놓아야 한다. 그러지 않으면 매월 도매 판매량을 유지하기 위하여 제품을 그저 쌓아두어야 되겠다는 생각이 들기 쉽다. 매월 일정량의 소매 판매를 하지 않으면 디스트리뷰터가 도매가로 물품을 구입하는 것을 실제로 금지하는 회사도 있다.

새 회원을 가입시키려고 노력하기 전에 매월 적어도 5백~천 달러치의 제품을 소매 판매로 처리할 수 있는 것이 바람직하다고 데니슨은 충고한다.

소매 판매를 하면 제품에 대해서도 더 잘 알게 되고 사람들이 꼭 이 제품을 필요로 하고 있구나 하는 확신도 생기게 된다.

"판매하고 있는 제품이 어떤 것인지를 잘 알아야 합니다. 그러면 차차 제품에 대한 믿음이 생기고 제품의 내용과 효능도 잘 알게 됩니다. 그 제품을 사용하고 판매하면 그 결과를 잘 알고 있기 때문입니다."

제품의 제품이 되라

하워드 솔로먼은 말한다. "네트워크 마케팅 회사 제품 대부분은 아직도 소비자들이 그것이 필요한 제품인지 잘 모르고 있습니다."
"그렇기 때문에 이런 제품이 있으며 이 제품이 꼭 필요하다는 것을 고객에게 알려주는 것은 완전히 디스트리뷰터 각자에게 달려 있습니다."

전체적인 판매 문화가 궤도에 오르기 전에는 엄청난 문화적인 비약이 있어야만 사람들이 물건을 일반 상점에서 사지 않고 네트워크 마케팅 사업가에게서 사게 된다. 어떤 강압적 이유 없이는 그렇게 하지 않을 것이다. 그 중 가장 강압적인 이유는 다른 어떤 곳에서도 찾기 어려운 독특한 제품을 팔고 있다는 사실일 것이다.

이와 같은 내용을 전달하는 가장 좋은 방법은 당신 자신이 '그 제품의 살아 있는 표본'이 되는 것이다. 그 제품을 직접 써 보고 효과를 제대로 체험해서 진정으로 가치가 있다고 확신하기 전에는 감히 밖에 나가서 그 물건을 팔려고도 하지 말라. 그 제품에 대한 확신이 서기만 하면 그것이 가장 사람을 끌어들일 수 있는 판매 전술이 된다.

데니슨에게 최초의 큰 히트는 제품을 직접 써본 결과로 나타났다. 그녀에게 청소를 부탁한 고객 중에는 성형외과 의사가 있었다. 데니슨이 어느날 그 집을 청소하고 있었는데 그 의사가 데니슨의 피부가 많이 고와졌다고 말했다. 말을 끄집어 내기에는 이것으로 충분하였다. 그녀의 본격적인 연합판매 작전이 시작되었다.

"'새 사업을 시작했답니다'라고 말했지요.", "요즘은 신바람이 납니다." "파출부 주제에 성형외과 의사에게 앞으로 내가 억만장자가 된다고 말하는 것이 좀 쑥스러웠습니다."

그러나 데니슨은 그렇게 말했다. 그리고 그날 당장 제품 샘플과 선전용 비디오를 그 의사에게 전해 주었다.

"그 의사는 제품을 보고 성분을 살피더니 '나도 하겠소'라고 했습니다." 한 달 후 그 의사는 회원 가입 신청서에 서명을 했다.

"당장 사업에 뛰어 들더군요." 데니슨은 신이 나서 말한다.

판매를 하지 말고 실물로 선전을 하라

고객은 당신의 증언보다는 자신의 감각에 더 의존한다. 설득을 시키려고 하지 말고 될 수 있는 대로 실물로 보여주라. 데니슨은 고객을 집으로 데려오거나 고객을 일일이 찾아가서 팔고 있는 화장품을 실제로 발라주고 시험해 보았다.

"화장할 때 보통 하던 대로 세안을 하고 닦아내고 수분을 제공하는 크림을 바르고 20분 동안 눕혀놓고 얼굴을 매만져 주었습니다. 얼굴에 화장을 해본 사람은 누구나 그 제품을 사게 마련입니다. 신기할 정도입니다. 백화점에서 흔히 사는 화장품과 전혀 다르기 때문에 화장 직후에 그 차이를 느끼게 됩니다.... 이런 방식으로 나는 고객을 늘려갔습니다."

확신을 가지고 판매하라

제3 물결 판매원의 가장 강력한 무기는 사람의 삶을 바꿔놓을 수 있는 그 힘이다. 고객의 제품에 대한 관심을 이용하여 고객을 디스트리뷰터로 만들 수 있는 것과 마찬가지로 당신 사업에 대한 관심도 제품 판매에 이용할 수 있다.

데니슨이 사업을 처음 시작하자 스키 시즌이 끝나는 5개월 후인 5월부터는 파출부 일을 그만 두겠다고 알렸다.

"'파출부 일을 그만 두겠다고 말하자, 사람들은 저런, 무슨 일을 하려고요?' 라고 묻더군요. 그래서 '새 제품을 판매합니다' 라고 했더니, '아 그래요? 그럼 우리 집에 그 물건 좀 갖다 주세요.' 라는 사람이 많았습니다."

물론 데니슨의 작전은 위험이 따랐다. 5개월 후에 경제적으로 자립할 수 있다는 기약도 없으려니와 그때까지 그 회사가 망하지 않는다는 보장도 없었다. 그러나 데니슨이 이렇게 배수진을 쳤기 때문에 고객들에게 준 인상이 오래 지속되었고 제품에 대한 관심도 불러 일으켰다고 생각한다.

데니슨은 말한다. "성공을 거두기 위해서는 100% 전력투구를 해야 합니다. 목적을 달성하기 위해서는 어떠한 위험도 무릅쓴다는 각오가 서 있어야 합니다."

3피트 법

네트워크 마케팅 회사에서 당신의 가치는 당신의 영향권에 있는 사람들에게 얼마나 접근할 수 있느냐에 달려 있다. 이 능력은 또한 제품 판매에서 당신에게 유리한 이점이 된다.

새로 디스트리뷰터가 된 사람 중에는 자기 친구, 친척 또는 동료 중에 누구를 만나 볼까 몇 달씩이나 생각하는 사람이 많다. 이와 같이 우유부단한 태도는 얼마 안 가 마비상태에 빠지게 된다.

이와 같은 문제점을 타개하는 가장 좋은 방법은 '3피트 법' 을 사용하는 것이다. 당신 주변 3피트 내에 있는 사람은 누구에게나 제품과 사업을 파는 것을 뜻한다.

데니슨은 말한다. "나는 만나는 사람마다 사업 얘기만 하였습니다. 신들린 것처럼 물건을 팔았습니다.... 강박관념이 있어야 합니다."

처음 두달 동안 데니슨은 가까운 친척이나 청소를 해준 고객들을 공략했다. 그리고 다음에는 전문직 사람들을 찾아 다녔다.

"많은 사람들에게 제품을 팔 수가 있었습니다." "시내에 큰 체육관을 소유하고 있는 부인도 고객이 되었지요. 부동산 중개업을 하고 있는 부인도 끌어 들였습니다. 내가 파출부로 일해 준 사람들에게도 제품을 많이 팔았습니다."

3피트 접근법의 가장 큰 위험은 거절당하는 경우가 많아진다는 것이다. 사람들이 반감을 갖게 되어 함께 어울리는 것을 회피할 수도 있다고 경고하는 사람도 있다. 그러나 데니슨은 이와 같은 부정적인 반응을 무시해버렸다.

"내 과거의 신분을 아는 사람 중에는 내 말에 귀를 기울이려 하지 않는 사람도 있었습니다. 남의 집 청소를 하는 파출부였기 때문에 내가 억만장자가 되리라는 생각을 도저히 할 수가 없었지요. 나를 비웃는 사람도 있었지만, 마음을 터놓고 꿈을 가진 나를 높이 평가해주는 사람들도 있었습니다."

고객에 대한 봉사가 지속적인 판매를 가져오는 열쇠다

경영 컨설턴트 거버는 그의 저서 〈E 신화〉에서 새 이발사에게 머리를 깎은 이야기를 하고 있다.

그 이발사는 세발을 한 후 가위로 머리를 다듬어 주었고 조수는 계속 커피 잔을 채워 주었다. 거버는 그 이발소가 마음에 들어 다시 찾아갔다. 그러나 이번에는 가위와 전기 이발기 두 가지를 사용하였고 세발은 해주지 않았다. 커피도 한 잔 밖에 더 주지 않았다. 세번째 찾아 갔더니 그전까지 하던 이발 방식이 또 바뀌었다.

"거버는 그 이발소에 다시는 가지 않기로 작정했다. 이발 때문이 아니었다. 이발 솜씨는 훌륭했다. 매너가 문제되는 것도 아니었다. 그는 쾌활하고 상냥했으며 일도 잘 했다. 그것보다 무엇인가 더 본질적인 문제가 있었다. 이발을 해 주는 일에 전혀 일관성이 없었기 때문이다."

거버가 이 이야기를 통해서 보여 주는 것은 맥도널드 햄버거 같은 억만 달러 레스토랑 체인과 골목에 있는 우중충한 희랍 음식점과의 진짜 차이는 맥도널드에 가면 무엇을 기대할 수 있는가를 미리 안다는 점이다. 고객에 대한 서비스에는 일관성이 가장 중요한 열쇠다. '궁극적인 일관성은 제3 물결 서비스가 제공한다.'

일반적으로 '소매 편리 제도'는 소비자가 수신자 부담 전화를 통하여 물건을 주문하면 며칠 안에 현품을 받을 수가 있다.

그러나 이와 같은 고객 서비스 방식이 개인의 창의와 인간적인 접촉을 통하여 그 이상의 서비스를 제공하는 기회가 모두 사라져 버리지는 않는다.

제3 물결 기초구조 밖에서 하는 이런 서비스 제공에 대해 네트워크에 계속 머무를 것인가 떠나 버릴 것인가을 고민하는 고객도 있다. 데니슨이 사업을 시작했을 때부터 줄곧 데니슨의 고객이었던 사람 중에는 '소매 편리 제도'의 혜택을 아직까지 거부하고 있는 사람도 있다.

"아직도 제품을 직접 우송해 주어야하는 고객이 콜로라도에 있습니다" "이 사람은 소매 편리 제도를 이용하려고 하지 않습니다. 내가 직접 연락해주기를 바라고 있습니다. 이런 사람들은 내가 직접 전해주는 서비스를 좋아하기 때문이죠. 소매 편리 제도를 이용하면 나도 편하고 그 사람도 편할텐데 말입니다. 매달 전화를 걸어 요즘 어떻게 지내십니까? 라는 말을 듣기 원합니다. 인간적인 접촉을 좋아하는 거지요.... 기운이 펄펄 넘쳐나는 사람과 이야기하는 것을 좋아합니다. 나는 그 사람들에게 활력을 불어넣어 주는 사람인가 봅니다."

고객 소개 네트워크를 만들라

개인적인 접촉만을 통해서 고객 네트워크를 만들려고 하는 것은 큰 잘못이다. 경험과 지식이 많은 제3 물결 판매원은 고객 소개 네트워트를 구축하여 자신의 접촉 범위를 몇 배로 늘려간다.

고객이 네트워크에 가입할 때마다 그 제품에 관심을 가질 만한 다른 사람들 이름도 얻어 내도록 하라.

고객으로부터 그 자리에서 10여명의 명단을 얻어 내는 게 좋다고 말하는 사람도 있다. 그러나 너무 부담을 주면 반감을 사서 언짢아 할 수도 있다. 부탁은 하되 부담은 주지 않도록 하라.

데니슨은 그의 소개 네트워크를 통하여 애스펜시의 특권 계급 속을 깊숙히 파고 들어갔다. 자기 사교 범위 안에서는 만나보기 어려운 사람들이었다.

"청소를 부탁한 사람들 중에는 말하자면 애스펜의 인명 사전에 오를 만한 명사들도 있었습니다. 이 사람들에게 제품을 꼭 보여 주었지요. 모두 좋아합디다."

"애스펜은 조그만 도시로 서로 모르는 사람이 없을 정도입니다. 그러니까 애스펜시의 상류층 사람들과 친하게 잘 지내야 합니다. 제품이 인기를 얻으려면 우선 이 사람들이 좋아해야 되니까요."

상류층 사람들을 포함한 소개 네트워크 덕택으로 데니슨은 애스펜에서 호화 점포를 소유하고 있는 어떤 부부를 만날 수 있었다. 대어를 낚은 셈이다. 데니슨은 보다 넓은 범위의 명사들과 접촉할 수 있게 되었다.

"사람들은 이들 명사를 우러러 보기 때문에 이들이 데니슨의 사업에 가입하자 그거 괜찮은가 보다 하는 반응을 일으켰습니다."

데니슨은 지인을 통하여 애스펜 최고의 미용실 주인을 소개 받았다. 현재 이 미용실 주인 부부는 데니슨의 단골 도매 고객이 되었다.

반대에 대처해 나가기

사람마다 모두 유리한 시류에 편승하지는 않는다. 그걸 거부하는 사람도 많다. 그 반대 소리를 내버려두면 결국 자기 확신도 흔들리게 된다.

데니슨은 사업을 처음 시작할 무렵 자기가 청소를 해주면서 늘 부러워하던 어느 부인을 찾아갔다. 그 여자의 남편은 돈 많은 사업가였는데, 데니슨이 염원하던 호화스럽고 화려한 생활을 하고 있었다.

"나는 그 여자가 부러웠습니다. 전 세계를 여행하고, 최고급 옷을 입고, 호화 주택에 살며, 매일 이 모임 저 모임 회장 일을 맡아 리드하는 그 여자처럼 되고 싶었습니다."

그런데, 데니슨이 제품을 보여 주자. 그 여자는 코방귀를 뀌었다.

"그 부인은 건방지고 남을 업씬여기며 부자티를 내는 사람이었습니다. 내가 싸구려 화장품을 파는 줄로 알았던 것 같습니다. 제품을 보여 주었더니 '이건 너무 비싸고 싸구려 비타민 같은 냄새가 나는데요.' 라고 말하더군요. 그리고는 물건을 거들떠보지도 않았습니다."

그 여자가 속해 있는 사교계 사람을 리크루트할 때까지 그 여자가 얼마나 심한 반감을 가지고 있었는 지 데니슨은 깨닫지 못했다.

아무도 데니슨과 사업 이야기를 하려고 하지 않았다. 그 여자는 데니슨이 하는 일에 반감을 갖도록 자기 친구들을 충동질했다. 데니슨이 이 매정한 여자를 직접 대응했다면 지쳐 쓰러져 버렸을 것이다. 그렇지만 데니슨은 미개척한 시장에 온 정신을 쏟았다.

"그냥 내버려둘 수밖에 없었지요." "나는 그저 그 일을 개의치 말자고 스스로 다짐했습니다. '상관없어. 그 사람 말고도 사람은 많이 있으니까' "

무력감 학습과 혼잣말

자존심을 기르기 위하여 매일 자기 자신과 하는 '혼잣말' 의 중요성에 대해, 작가로부터 동기 유발 전문가에 이르기까지 수백년 동안에 걸쳐 많은 사람들이 이것을 주제로 책을 써왔다.

최근의 인식 심리학은 옛날부터 내려오는 인간의 지혜를 뒷받침해 주고 있다. 1966년 심리학자 셀리그만은 쥐도 우울증에 걸리게 할 수 있다는 것을 발견했다.

계속해서 전기 자극을 주기만 하면 된다. 처음에는 도망가기 위해 전기실을 기어 오른다. 그러나 출구가 없다는 것을 알게 되면 금속 충격판 위에 드러누워 그 고통을 견딘다.

이렇게 자기가 무력하다는 것을 학습하게 되면 전기 실험실 문을 열어 주어도 충격판 위에 그저 누워 있기만 한다. 도망가는 것이 불가능하다는 것을 깨닫고 날아나려는 노력을 하지 않는것이다.

이와 같은 개척적인 실험이 있은 지, 수십 년이 지난 오늘날 셀리그만은 자존심에 대한 심리학적 인식과 사업하는 방식에 대해서도 혁명을 일으켰다.

사람도 쥐와 대동소이하다는 것을 발견하였다. 사람도 여러 번 퇴짜를 맞으면 자신이 무력하다는 것을 알게 된다. 벗어나는 길이 마련되어 있어도 그걸 이용하지 않는다.

낙관적인 혼잣말

무력감을 배우게 된 쥐와 보통 쥐와의 차이는 혼잣말을 하느냐 안하느냐 이다.

보통 쥐는 "이 상자 밖으로 뛰어나가면 이 고통을 벗어날 수 있다."고 생각한다. 무력하게 된 쥐는 "아무리 발버둥쳐도 이 고통을 피할 수 없다. 그러니 도망갈 생각은 아예 말자."라고 생각하게 된다.

여러 해 동안 연구를 한 결과 셀리그만은 어떤 사람이 어느 정도 낙천적이냐 비관적이냐 하는 정도는 매일 혼잣말을 어떻게 하느냐에 전적으로 달려있다는 것을 발견했다.

예를 든다면, 어떤 가망 고객이 "당신도 물건도 다 보기 싫어요. 다시는 전화 걸지 말아요."라고 소리를 질렀다고 하자.

비관적으로 혼잣말하는 타입의 사람은 "뭘 잘못한 모양이구나. 제품 설명을 할 때 이 사람 비위를 건드렸나 봐."라고 생각한다.

그러나 낙천적인 사람은 상대방이 잘못했다고 생각한다. "저 사람은 오늘 아주 언짢은 일이 있었나 봐."

셀리그만은 세 가지 해로운 혼잣말 유형을 말한다.

첫 번째는 확대형이다. 단 한 번의 경험을 전체에 보편화시키는 형이다. 기분을 상하게 하는 전화를 한통 받고는 "재수없는 날이군. 어떻게 나머지 시간을 더 견딘다?"라고 말한다.

두 번째는 "내가 무엇인가 잘못한 모양이야"라고 자신을 나무라는 사람이다.

세 번째는 연속형이다. 순간적으로 운이 나쁜 것이 자기 인생에 계속 고질적으로 생기리라고 믿는다. "언제나 이런 일이 생긴단 말이야. 한 사람도 쓸 만한 사람을 구하지 못하겠군."

이와 같은 결과에 근거하여 셀리그만은 낙천적인 사람을 알아내는 20분짜리 테스트를 만들어냈다. "셀리그만 속성 유형 질문지(SASQ)"라는 이 테스트를 직원 채용에 사용한 메트로폴리탄 생명보험회사는 보험 시장 점유율을 50% 증가시킬 수 있었다.

자존심 프로그램

제3 물결 조직은 보통 사람들의 설명 유형을 변화시켜 셀리그만이 말하는 최고 성취자로 만드는 프로그램을 개발해냈다.

데니슨은 말한다. "네트워크 마케팅은 자존심 개발 프로그램이라고 확신합니다. 당신이 누구인지, 무엇을 하고 싶은 지, 얼마나 강한지를 배우게 됩니다.

사업을 시작하여 열심히 일을 해 보지만 돈을 제대로 벌지 못한다는 생각이 들 수 있습니다. 그러나 마지막에는 전보다 훨씬 더 나아집니다. 이 사업을 통해서 당신은 인간적으로 꽃이 피는 것입니다."

판매의 도(道)

총체적인 판매문화에 있어서 구입과 판매는 새로운 의미를 갖게 된다. 이제는 상인만이 독점한 영역이 아니고 상품유통 자체가 인생의 비유가 된다. 이와 같은 변화는 〈석세스〉지에 매년 연재되는 '누구나 판매원' 란에서 여러 번 검토되어 왔다.

"나에게 있어서 물건을 판다는 것은 생활하는 것이나 호흡하는 것과 같다."라는 글을 〈석세스〉발행인인 스코트 디가모는 썼다. "판매를 하지 않으면.... 우리는 참으로 살아 있다고 할 수 없다."

요약해서 말한다면 판매 행위는 정신적인 행위이며, 자기 실현을 위한 새로운 길이다.

판매정신 추구를 통하여 네트워크 마케팅 사업가는 정신적이고 영적인 건강을 유지할 수가 있다. 이와 같은 자질이 있어야 제3 물결 판매에서 성공을 거둘 수 있다.

"요컨데 이것은 누가 제일 돈을 많이 버느냐 하는 문제뿐만이 아니다. 판매에서 얻을 수 있는 최대의 성과는 개인의 자아 개발이다. 그것은 인격을 형성하고 단련한다."

끊임없이 사람들로부터 거절 당하는 고통을 감내해야 한다. 인내의 외로운 싸움을 해야 하고 계속해서 다음 단계 준비를 위한 훈련을 해야 된다....

"진정으로 삶을 맛보려면 물건을 판매할 마음을 다져야 된다."

목표를 세우라

데니슨이 첫 번째 결혼에 실패했을 때 그의 자존심은 산산조각이 났다. 그러나 고군분투 노력하여 마음 속에 미래상을 그리고 목표를 설정하여 제 갈길을 찾아냈다.

"내가 달성하기를 원하는 목표를 적어 놓은 커다란 게시판을 달아 놓았습니다." "천만 달러를 이미 가지고 있다고 생각해 보았습니다. 그리고 앞으로 가지고 싶은 물건의 그림을 잡지에서 오려냈습니다. 자동차, 집, 옷, 그리고 세계적인 사업라인 구축, 행복한 가정을 만들어 좋은 어머니가 되는 것, 사업으로 성공하는 것 등등이었지요. 너무 정신을 집중하다 보니 피곤하기도 했고, 갖고 싶은 물건이 하나도 없는 현실이 몹시 속상했습니다."

보수

데니슨은 미래상 설정의 위력을 톡톡히 맛보았다.

사업 설명회에서 만난 사업을 썩 잘 하고 있는 마크 로보라는 디스트리뷰터와 재혼하여 둘이서 힘을 합쳐 일본 시장을 개척하는데 중요한 역할을 하게 되었다.

어느날 디스트리뷰터 한 사람으로부터 전화를 받았다. 일본을 방문해달라는 초청 전화였다. 그 사람은 일본에 상당한 다운라인을 구축해 놓고 있었다.

데니슨 부부는 과연 일본에 가볼만한지 생각해 보았다. 일본 시장을 개방한지 얼마 되지 않았고 사업관계자도 많지 않다는 생각이 들었다. 그 디스트리뷰터는 말했다. "당신은 뭘 모르는 군요. 이미 당신의 다운라인에 있는 사업자가 54명이나 된답니다."

"남편은 계산기를 꺼내 계산을 해 보더니 이렇게 말했습니다. '여보, 다음 주에 일본에 가야 되겠어.'"

스타 탄생

데니슨의 첫 번째 일본 방문에는 꿈에도 생각하지 못했던 여러 가지 일이 일어났다. 운전사가 달린 벤츠차가 공항에서 부부를 호텔로 모셔갔다. 모든 비용을 초청한 쪽에서 부담하였다. 그날 저녁 일류 레스토랑에 부부가 도착하자 2백 50명의 손님이 기립 박수와 미소를 띄우며 데니슨 부부를 바라보고 있었다. 그러자 통역이 일어나서 데니슨에게 말했다. "오늘 저녁 당신의 이야기를 좀 들려 주십시오. 이 사람들을 처음 만났지만 다 당신 사람들입니다."

연단에 올라서서 통역을 통하여 자기가 지금까지 걸어온 이야기를 하노라니 가슴이 뭉클해졌다. 사업가, 주부, 일류 전문직들로 구성된 청중은 그의 말, 한 마디 한 마디를 놓치지 않으려고 열심히 경청했다.

"청중은 내 이야기를 듣고 감동했습니다. 일본 사회에서는 파출부하던 여자가 큰 성공을 거둔다는 것은 매우 드문 일이기 때문이었지요. 끝난 다음에도 수많은 인사을 받았습니다. '살결이 어쩌면 이렇게 곱습니까, 참 좋은 얘기 잘 들었습니다' 라는 말을 수없이 들었습니다."

강연에서 자기가 만든 '목표 게시판' 이야기를 하였고 잡지에서 오려낸 그림, 그리고 언젠가는 전 세계에 걸쳐 사업을 하겠다는 그의 꿈 이야기도 하였다. 그리고 어렸을 때 즐겨 불렀던 '소원을 별에 걸어' 라는 노래 이야기도 했다.

"연설이 끝나자 사람들은 내 얼굴을 쳐다보며 '우리들이 바로 당신의 꿈입니다. 당신의 꿈은 이제 막 시작했을 뿐입니다.' 라고 말하는 것이었습니다. 일본 사람들은 어느 의미에서 아주 신비한 사람들입니다. 현실도 믿고 꿈도 믿습니다."

데니슨은 일본 어디를 가거나 영화배우 같은 대접을 받는다.

"나는 일본이 좋습니다. 사람들은 나를 영웅으로 우러러보지요. 성공담의 주인공이기 때문입니다."

꿈은 이루어지다

데니슨이 아무리 정열, 신념, 추진력, 정력을 가지고 있었다 하더라도 파출부의 신분은 벗어나지 못했을 것이다. 그러나 그녀의 모든 힘을 제3 물결 판매 방식에 경주한 결과 데니슨은 지위 뿐만 아니라 자존심도 얻게 되었다.

"좋은 남편이 있고 샌디애고만이 내려다 보이는 150평 대지에 지은 집도 있습니다. 매일 롤러 스케이트를 타고 최고급 상점에서 쇼핑을 합니다. 전세계를 여행하고 가족들과 마음껏 함께 지냅니다. 보통 사람들은 엄두도 내지 못하는 생활을 하고 있지요.

'꿈을 믿고' 결코 중도에 포기하지 않고 꾸준히 노력해서 마침내 성공을 이루었으니 나는 참으로 운이 좋았다고 생각합니다."

제 6 장

제3 물결, 프로스펙팅(가망고객 확보)

에드가 미첼은 '손에 땀을 쥐는 순간' 이라는 것을 알고 있었다. 이 말은 생존여부가 불안전할 때 쓰이는 우주 항공사의 용어다. 아폴로 14호 우주선이 15,000미터 상공에서 엔진에 불을 당기고 하강을 시작하였다. 처음 10,000미터는 순조롭게 진행되었다. 그리고 나서 문제가 생겼다. 관제탑은 조용하고 침착한 목소리로 일러주었다. "현재 목표 지점을 향하고 있지 않다." 우주선의 착륙 레이더가 작동하고 있지 않았던 것이다. 우주선은 맹목 비행을 하고 있었다. 한 가지만 계산을 잘못해도 부서지기 쉬운 우주선은 암석지대에 추락할 위험이 컸다. 임무를 포기한다면 그 위험에서 벗어날 수는 있었다. 그러나 우주 비행사들은 그런 생각은 아예 하지도 않았다.

미첼은 그 때를 회상한다. "목적 달성을 위해 전력를 다했습니다. 이처럼 오랫동안 애를 썼는데 임무를 포기하는 것보다 차라리 달에 추락하는게 더 낫다고 생각했습니다."

우주선에 있는 가장 보잘 것 없는 회로 하나도 수없이 여러 번 실험하고 또 실험하여 생각할 수 있는 모든 위급사항에 대처하는 방법이 마련되어 있다. 또한 모든 시스템의 비상 대책도 철저히 준비되어 있다. 어떠한 변수도 우연에 맡기지 않는다.

그러나 결국 임무 성패는 그들의 용기, 훈련, 그리고 규율에 달려 있었다.

무전으로 들려오는 안내를 받으며 우주 비행사들은 미친 듯이 스위치를 조절하고 컴퓨터를 두드리며 눈을 부릅뜨고 계기판을 훑어 보았다. 레이더를 작동시키는 데 필요한 시간은 1분밖에 남지 않았다. 1분이 지나면 우주선의 기수를 돌려 되돌아 와야 된다.

그때 미첼은 일종의 무아지경에 빠졌다. 자기 몸으로 벗어나 이 모든 일을 먼 거리에서 바라보고 있는 것 같은 느낌이 들었다. 위험이나 죽음에 대한 생각은 전혀 나지 않았다. 자기 능력을 최대한 발휘하고 있다는 깊은 황홀감만 느꼈다. 미첼은 회상한다. "당장 눈 앞에 있는 일에만 완전 집중했습니다."

마지막 순간, 불과 몇 초를 남기고 레이더는 갑자기 작동을 개시했다. 달 착륙 불과 몇 분 전이었다. 미첼은 마침내 해낸 것이다. 우주선 착륙으로 치솟는 먼지와 우주선이 달 표면에 드리운 기다란 그림자가 창밖에 보였다. 표면 경고등이 비행선의 달 착륙을 알려주었다. 그들은 '안도의 한숨' 을 깊게 쉬었다.

프로스펙팅 – 영광의 경기장

물론 미첼은 그때 안도 이상의 것을 느꼈을 것이다. 신대륙 산살바도르 해안에 상륙한 콜롬버스처럼, 미첼과 그의 동료 우주 비행사들은 몇 사람 안되는 역사상 위인들만이 아는 깊은 상념에 빠졌을 것이다. 가장 가혹한 역사적 시련을 이겨내고 자신들의 가치를 입증했던 것이다.

이와 마찬가지로 네트워크 마케팅 사업가들도 무서운 시련을 참고 견뎌내야 한다. 특히 가가호호 방문을 하거나 아무 약속도 없이 사람을 만나야 할때 더 그렇다.

이와 같은 회원 모집 노력에 대해서 아무도 칭찬해 주는 사람은 없다. 그러나 그들은 위대한 탐험가나 영웅들이 가져야 할 용기나 인격과 다름없는 품성이 요구된다.

제3 물결에서 회원 모집의 영역만큼 혁명적이라고 할 수 있는 큰 도움을 받게 되는 부분은 없다. 회원 모집은 언제나 네트워크 마케팅 사업가가 직면하게 되는 가장 힘든 일이다. 반감을 갖거나 무관심한 사람들을 매일 만나야 된다. 어떻게 해서든지 이 사람들의 주의를 끌고 이 사업에 가입을 시켜야 한다.

어떻게 새 가입자를 모집할 수 있을 것인가? 일단 사람을 만나게 된다 해도 어떻게 자기 사업으로 끌어들일 수 있을까?

미첼은 이것이 그렇게 쉬운 일이 아니라는 것을 알았다. 어떤 의미에서는 새 회원을 모집하는 것이 달에 착륙하는 것만큼 어렵다는 것을 깨달았다. 그러나 달 착륙 때와 마찬가지로 공포심에서 완전히 벗어나 시스템 자체만 믿는 것이 가장 좋은 방법이라는 것을 발견했다.

"아폴로 비행선으로 우주를 나를 때, 시스템과 우리 자신, 그리고 우리 팀에 대한 믿음이 없었더라면 달에 가지 못했을 것입니다. 이런 믿음이 없다면 우주선에 탈 자격이 없다고 말할 수 있습니다."

영웅들을 위한 사업

많은 네트워크 마케팅 사업가들처럼 미첼도 경제적인 어려움 때문에 이 사업에 뛰어들 수밖에 없었던 '화이트 컬러 피난민' 이었다. 세일즈 맨이라기보다는 과학자이고 철학자였던 미첼은 자기가 받은 MIT 박사 학위가 낯선 사람을 붙들고 사업 이야기를 하는 데 전혀 도움이 되지 않는다는 것을 알게 되었다.

미첼은 회상한다. "자존심이 크게 상했습니다. 나는 상당한 권위와 책임과 능력이 있는 지위를 그때까지 차지해 왔습니다.

그런데 이제 50대인 내가 길가는 사람을 붙들어야 된다니, 그것은 마치 보병 일등병이 되어 전쟁터로 가는 것과 같았습니다."

대부분의 사람처럼 미첼은 일생동안 시간과 돈을 맞바꾸어 얻는 직선수입에 의존하여 살아왔다. 예를 들면 그는 달 탐험 때 810달러를 받았다.

"그때 정부 규정 일당은 정부에서 숙식을 제공하는 경우 90달러였다. 우주선에서는 숙식을 제공받기 때문에 9일 동안에 통틀어 810 달러를 받은 것이다."

1972년 은퇴한 후, 미첼은 강연이나 회사 컨설턴트 일을 해서 돈을 벌었다. 그러나 그것은 여전히 직선형 수입이었다. 언제라도 끊길 수가 있었다. 컨설턴트로 일하고 있었던 프랑스의 조선소가 정부에 수용되자 미첼은 곧 바로 해고 되었다.

"그건 내게 엄청난 고통 이었습니다. 받기로 되어 있던 보너스를 한 푼도 받지 못했습니다. 미국을 떠난 지 3년이 지나 아는 사람들과도 대부분 연락이 끊겼습니다. 회사 자문 일을 무에서부터 다시 시작해야 했습니다."

다시 사람들을 사귀어 나가자면 몇 달 아니 몇 년이 걸릴수도 있다는걸 미첼은 알고 있었다. 그는 부수입이 필요했다. 고심 끝에 미첼은 네트워크 마케팅회사의 디스트리뷰터가 되었다. US 스프린트사의 장거리 서비스를 하는 회사였다.

"그럭저럭 2년 동안 풀 타임으로 일했지요. 3피트 법을 썼습니다. 3피트 안에 있는 사람은 누구에게나 다가가서 사업 이야기를 했습니다. 식당 여자 종업원, 호텔 종업원, 비행기 옆자리에 앉은 사람에게도 네트워크 마케팅 사업 이야기를 꺼냈습니다."

그는 시스템을 믿고 사업에 충실했기 때문에 수백에 달하는 다운라인을 구축할 수 있었고 한 달에 추가 수입을 3천7백 달러나 올릴 수 있었다. 달 표면에 무사히 착륙하게 했던 내면의 힘을 불러일으켜 자기 수치심을 이겨냈던 것이다.

"'꼭 해야만 할 일이다'라고 다짐을 하면서 그 일을 마침내 해냈습니다." 미첼의 말이다.

'저충격' 고객 가입

미첼과 같은 힘은 네트워크 마케팅 사업가에게 언제나 큰 도움이 된다. 제3 물결 네트워크 마케팅은 고객 가입 활동에 '저충격' 방법을 사용한다. 이 방법은 디스트리뷰터 개개인의 두려움, 결점, 약점 등에서 생기는 나쁜 영향으로부터 보호해준다.

제3 물결 조직과 기술은 개개의 네트워크 마케팅 사업가의 고객 가입 능력을 몇 배로 증가시켜 준다. 따라서 마케팅 방법과 기초구조, 그리고 회사 이미지와 제대로 된 고객 가입 시스템을 가지고 있는 회사를 선택해야 한다. 그러면 판매 경험이 없다 하더라도 다운라인은 차차 커나갈 것이다.

제3 물결 시스템

업라인 지도자는 누구나 각자 독특한 프로스펙팅 방식을 갖고 있다. 언제나 업라인이 가르쳐 준 방식을 따라야 한다. 그러나 업라인이 실시하고 있는 방법이나 방식이 약간씩 차이가 난다 하더라도 고객 가입 활동의 기본적인 원리는 언제나 같다.

제3 물결 시스템은 일류 네트워크 마케팅 사업가가 50년 간의 경험을 통하여 완성시킨 핵심을 꿰뚫는 통찰력과 프로스펙팅 원리를 하나로 집대성시킨 것이다. 제3 물결 시스템의 많은 부분은 세일즈맨십 그 자체만큼 오래된 것이다. 이 모든 것은 실제 현장에서 효력이 있다는 것이 입증되었다. 이와 함께 포괄적이며 정연하고 규격화된 절차가 마련되어 있어 이것을 충실히 따르기만 하면 누구나 성공이 보장된다.

간단히 설명해서 제3 물결 시스템은 다음 9가지 단계로 정리할 수 있다.

제1 단계: 가능성 있는 사람들의 리스트를 만들라

네트워크 마케팅 사업가는 그것을 여러가지 이름으로 부른다. '친밀한 시장', '영향의 중심권', '안전지대' 등등. 그러나 이것은 다 같은 의미다. 당신의 가장 가까운 사람들이라는 뜻이다.

친구들, 친척들, 동료 직원들, 서로 이름을 부를 수 있는 사람들, 다른 사람들보다 우선 이 사람들을 목표로 정하라.

'마크 야넬'은 말한다. "사회 심리학자에 의하면 25세가 넘은 사람은 누구나 친한 사람이 1천여명정도 있다고 합니다. 그러나 이 사람들에 대한 기억을 찾아 내려면 어떤 장치가 필요합니다."

이와 같은 장치가 바로 '가능성 있는 사람들의 리스트'다. 자기가 개인적으로 아는 사람들의 명단을 만들어 보라.

이 사람들이 지금 어디에 살고 있는 지에 대해서는 걱정할 필요가 없다. 그 사람들이 살고 있는 곳에서 디스트리뷰터 일을 할 자격을 회사로부터 받기만 하면 장거리 프로스펙팅이 가능하다.

자기가 알고 있는 이름을 모조리 알아내는 데는 2,3일이 걸릴 지도 모른다. 또한 1천명 목표를 달성하지 못할 지도 모른다. 야넬도 처음 시도에서 7백 명 밖에 알아내지 못했다. 그러나 하늘의 별에 기억을 발사 하면 그중엔 달에 도착하는 것도 있을 지 모른다.

유명한 네트워크 마케팅 훈련가인 존 칼렌치는 자기 기억을 되살리기 위해서 다음과 같은 일을 해보라고 권하고 있다.

- 자기 주소록의 이름을 모조리 베껴라.
- 지금까지 살아 온 과거와 관계가 있는 여러 부문을 떠올려 보라. -가족, 종교, 직장, 취미 생활 등등. 이 분야에 관련되어 있는 사람의 이름을 모조리 적어보라.
- 친구들이나 가족과 함께 모임을 가져 잊어버린 사람들의 이름을 기억해 내라.

야넬은 말한다. "자기가 살아오는 동안에 알게 된 모든 사람의 이름을 무조건 명단으로 작성해 보십시오. '그 사람은 변호사니까 이런 일은 안 할거야.' '그 여자는 파출부니까 또는 가정 주부니까 안 할거야.'라고 생각해서는 안됩니다. 아는 사람의 이름은 모조리 적어야 합니다. 사업을 시작한 최초 4,5개월 동안은 이렇게 해서 만든 사람 리스트에 전적으로 매달려야 합니다."

친구나 가족을 대상으로 고객 유치 활동을 해서는 안된다고 말하는 네트워크 마케팅 사업가들도 있다. 가장 친한 사람들과 사이가 멀어질 지도 모른다고 생각하기 때문입니다. 그러나 야넬은 더 적극적인 접근 방법을 권하고 있다.

"자기 친구나 가족을 목표로 하지 않는 사람들은 우선 친구나 가족들이 자기를 존경하지 않는다고 생각하거나 사업 자체에 대해서 처음부터 부정적인 생각을 갖고 있는 사람입니다. 이 사업을 통해서 매월 수만 달러를 벌 수 있다는 것을 확실히 안다면 자기 가족이 우선적으로 이런 혜택을 받기를 원하지 않겠습니까."

제2 단계: 하루 30명을 목표로 삼으라

다운라인 구축에 박차를 가하기 위해서는 무엇보다도 행동이 가장 중요하다. 마크 야넬은 1주 5일, 하루 30 명씩을 목표로 삼고 도전하라고 디스트리뷰터들에게 말한다. 이와 같은 보조로 1년을 계속하면 떼돈을 벌 확률이 매우 높다고 한다.

매달 6백 명을 목표로 삼더라도 5백 7십 명은 퇴짜를 놓을 것이라고 야넬은 말한다. 아마 5%, 즉 30 명 정도가 자기 다운라인에 참 가할 것이다. 이 30 명 중에 아마 한 사람이 자기 다운라인의 지도자, 즉 풀 타임 디스트리뷰터가 될 것이다. 나머지 29 명은 탈락하거나 도매가 소비자가 될 것이다.

이처럼 사람들이 떨어져 나간다 하더라도 이 시스템이 작동하지 않는다는 법은 없다. 확률의 법칙에 의하여 한 달에 적어도 한 사람의 지도자는 생기게 마련이라고 야넬은 말한다.

이 정도만 있으면 된다. 1년이 지나면 12 명의 디스트리뷰터가 생기게 된다. 이 사람들은 매월 적어도 5천 달러 정도의 상품을 유통시킨다. 이 사람들 중 적어도 세 사람이 그 시점에서 5만 달러 정도의 상품을 유통시키고 있을 확률이 높다고 야넬은 말한다.

제3 단계: 마음으로부터 팔라

하루 30 명을 목표로 하라는 말에 용기가 꺾이는 독자들이 많을 것이다. 이 많은 사람을 어디에서 만난다는 말인가. 만난다면 무슨 말을 해야 될 것인가. 어떻게 말문을 열 것인가. 어떻게 끌어 들일 것인가.

지금까지 판매원들은 이와같은 문제에 대한 해답으로 미리 준비한 말문을 여는 방법, 판매 방법, 퇴짜를 맞았을 때 대처하는 요령, 말을 끝맺는 방법 등을 무기로 사용하였다. 판매 초보자도 이와같은 도구의 도움을 받을 수 있다. 이런 미리 준비된 판매 방법은 마음을 든든하게 하는 최소한의 효과가 있다. 이런 도움을 얻는 가장 좋은 방법은 '자기 업라인' 이다.

판매용 '대사' 는 고충격 기법이다. 이 방법은 별로 관심이 없는 물건을 전문 판매원들이 여러 사람을 대상으로 판매 활동을 할 때 필요로 하는 기법이다. 고충격 판매는 물리적인 힘에 의존한다.

이것을 하기 위해서는 상당한 정력을 기울여야 하고 사람들과 잘 어울리는 성격을 가진 사람만이 할 수 있다. 그러나 프로스펙트(가망 고객)는 벌써 판매원이 제품에 대해 무관심하다는 것을 눈치채게 마련이다.

업라인 편집자 존 포그는 말한다. "나는 '대사' 를 이용한 판매에 반대합니다. 내가 '대사'를 읽어주면 그건 '대사'에 그칩니다. 사람들의 관심을 끌 수가 없지요."

제3 물결 판매 방법은 마음에서 우러나온다. 제품을 열렬히 좋아하고 있다는 것이 자연스럽게 나타나는 데서 나오는 결과다. 제품 판매를 통하여 자기가 찾고 있는 디스트리뷰터도 찾을 수가 있다.

디스트리뷰터인 샌디는 말한다. "체중 감소 제품을 팔고 있다면 자기 자신의 체중이 줄어서 옷의 사이즈를 세 번이나 줄이고 허리띠의 눈금이 세 개나 줄어들었다고만 해도 일주일 안에 좋은 고객 하나 구하기는 쉽습니다."

"친구, 가족, 이웃, 직장 동료들은 당신이 기분이 좋아져서 웃음이 늘고 더 날씬해지고 새차를 장만한 것을 알게 됩니다. 사람들은 무슨 일이 생겼느냐, 왜 옛날과 달라졌느냐고 묻게 됩니다. 이런 식으로 일주일에 좋은 고객 하나만 얻는다 해도 일년에 50주를 곱해보십시오. 이 50 명 중 다섯 사람만이 제품에 만족하여 디스트리뷰터가 된다면 어떻게 되겠습니까."

제품을 진정으로 좋아한다면 전혀 낯선 사람도 자기 편으로 삼을 수 있다.

샌디는 조언한다. "사람들이 많이 있는 장소에서 당신 말을 엿듣게 하십시오. 식당 한 구석에서 제품을 팔며 사람들이 내 말을 엿듣게 합니다. 의류점에서도 제품을 팔아 사람들이 내가 하는 말을 우연히 듣게 합니다. 열심히 제품에 대해 이야기를 하면 엘리베이터에 같이 탄 사람도 틀림없이 따라오게 할 수 있습니다."

제품을 정말로 좋아한다면 '마음에서 우러나오는 판매 대사'는 자기도 모르게 생기기 마련이다. 마치 좋은 영화나 식당, 미용실을 친구들에게 권하는데 적당한 말이 저절로 흘러 나오는 것과 같다. 자기 자신의 말을 자기 식으로 설명하는 마음에서 우러나온 판매를 하기 때문에 효과가 나기 마련이다. 제3 물결 판매의 열쇠는 정말로 마음에 드는 제품을 발견하는 데 있다고 할 수 있다.

남에게 판매하기 전에 자기 자신의 마음에 들어야 한다.

커비와 신디아 라이트 부부는 물건을 팔기 전에 먼저 제품이 자기 마음에 들어야 한다는 것을 힘들여 배웠다. 제품을 열렬히 좋아한다면 저절로 다운라인이 생기게 된다. 그러나 제품에 자신이 없다면 이 세상 모든 판매 기술을 동원해도 한 사람의 다운라인을 구하기도 어렵다.

신디아가 바라던 것은 딱 한 가지였다. 아침부터 저녁 늦게까지 매일 되풀이 되는 일에서 도망가는 것이었다. 심부름 센터 임시 소장으로 하루 12시간 일을 하면서 세살박이 딸을 하루 종일 돌보지 못했다.

"남편에게 짜증을 내곤 했습니다. 언제 돈을 벌어 이 직업을 그만둘 수 있게 해줄 거냐고 달려 들었지요."

남편 커비는 이 물음에 대한 대답을 네트워크 마케팅을 통해서 구해 보려고 과감하게 나섰다. 우선 정수기를 파는 회사의 설명회에 신디아를 끌고 갔다.

커비는 회상한다. "그 사람들은 정수기를 어떻게 설치하는가" "어떤 종류의 세탁기를 사용하고 있는가, 어떤 볼트와 스패너가 필요한가, 정수기 밑에 어떤 식으로 수건을 놓고 젖지 않게 하는가 등을 설명 하였어요. 마치 배관공들에게 설명하는 것 같았습니다.

집사람과 나는 얼굴을 서로 쳐다보았지요. 그런데 이건 안되겠는데 하는 생각이 들었습니다."

수상쩍은 모습

그런 생각에도 불구하고 커비는 한번 시험해 보기로 했다. 자신은 그 물건을 꼭 필요로 하지 않았지만 친구나 이웃들에게 권해 보았다. 그것은 큰 잘못이었다.

"정수기 얘기를 꺼내자 마자 사람들은 눈을 치켜 뜨고 이제 그만 가봐야 되겠는데 하는 것이었습니다."

커비는 마음 속 깊이 자기가 팔고 있는 물건을 좋아하지 않았다. 사람들은 그걸 눈치챘던 것이다.

"내 자신은 그 정수기가 너무 비싸다고 생각했습니다. 나도 믿지 않으면서 어떻게 남보고 사업에 가입하라고 할 수 있겠어요."

결국 커비는 정수기 하나를 팔고 나머지는 차고에 쌓아 두었다. 5천 달러치의 물건이었다.

다음에는 화장품 회사에 가입했다. "이것도 나에게 맞는 사업이 아니었지요." 커비는 계면쩍은 듯이 말했다. 다음에는 피부용품 회사에 가입하였다. 그러나 스폰서가 하는 제품에 대한 생화학적 설명을 듣고 신디아가 겁을 냈다.

그는 말한다. "너무 복잡해서 할 수 있을 것 같지 않았어요."

이들 부부는 3년 동안 네트워크 마케팅 제품 판매를 이것 저것 조금씩 해보았다.

"이 기간 동안에 통틀어 한 사람을 가입시켰고 아마 5백 달러 정도의 물건을 팔았을 겁니다. 반면, 내 돈은 1만 1천 달러를 썼지요.

사업에 실패했다는 생각을 하게 되었고 집사람도 동감했습니다."

승리를 가져오는 차이

이들 부부는 매달 어김없이 찾아오는 청구서와 씨름하지 않으면 안 되었다. 신디아는 자기 처지를 네트워크 판매의 탓으로 돌렸다. "이런 터무니없는 제도 때문에 돈만 낭비하고 있었지요."

커비도 낙심했다. 마음 속에서 무엇인가가 이대로 그만 두어서는 안되겠다는 생각을 하게 만들었다.

커비는 말한다. "네트워크 마케팅에 무엇인가 있다는 확신이 들었습니다." "틀림없이 무엇인가 있다고 말입니다."

커비는 옳았다. 얼마 안 가 영양음료를 판매하는 회사가 있다는 것을 알았다. 남편이 또 네트워크 마케팅회사와 계약을 맺었다는 이야기를 듣고 신디아는 화가 부글부글 끓었다. 언제나 제 정신이 들까?

영양음료를 마셔보라고 남편이 권하는데도 신디아는 일주일 내내 들은 척도 안했다. 어느 날은 남편이 방에서 나가자마자 그 음료를 싱크대에 쏟아 버렸다. 그리고 어느날 남편의 비위를 맞추기 위해 마지못해 한 모금 마셔 보았다. 그 후로 일주일 동안 음료를 마시자 신디아는 몸이 한결 가벼워지는 것을 느꼈다.

"전에는 딸을 재우자마자 잠들어 버렸는데 지금은 피로를 잘 느끼지 않습니다. 그리고 정크 푸드(칼로리만 높고 영양가가 낮은 인스탄트 식품)를 먹고 싶은 마음이 싹 가셔버린 걸 알았죠. 프렌치 프라이나 햄버거가 점점 싫어졌습니다."

"그렇게 되니까 엄마, 아빠, 우리 식구 또 이웃에게 권할 수 있는 것이 바로 이거다 하는 생각이 들어 그제서야 흥분이 되기 시작했습니다. 자신있게 권할 수 있는 제품이라는 확신이 들었습니다."

신디아는 실제로 제품을 권하기 시작한지 5개월 후 풀 타임으로 이 사업에 뛰어 들었다. 11개월 후에는 최고 판매원이 되어 월수 8천 달러를 올렸다.

현재 이 부부의 연간 수입은 25만 달러에 달한다. 3년동안 한 사람만을 겨우 스폰서했던 이 부부는 챔피언 판매원으로 멋지게 변신한 것이다. 자기가 믿을 수 있는 제품을 발견했다는 이유 하나 때문에…

제4 단계: 후속 사업

프로스펙트와 처음 접촉을 한 후 24시간 내에 전화로 추후 권유를 하는 것이 중요하다. 일을 계속 추진시키기 위해서는 디스트리뷰터에게 전화를 걸기 전에 새 프로스펙트에게 전화를 하는 것이 바람직하다고 네트워크 마케팅 전문가 데이비드 롤러는 말한다.

매일 일과로 전화를 거는 시간이 되면 전화 걸기 쉬운 상대, 즉 이미 계약을 했거나 잘 아는 사람들에게 먼저 전화를 걸고 싶은 자연스런 유혹을 느낀다. 그러나 이 사람들과의 전화가 길어져서 프로스펙트에게 전화를 걸지 못하게 되는 경우가 있어서는 안된다.

제5 단계: 자격을 분류하라

판매 선전을 한 후 프로스펙트를 분류하여 적절성 여부를 가려라.

톰 '빅 앨' 슈라이터는 프로스펙트에게 다음과 같은 두 가지 결정적인 질문을 하라고 권하고 있다.

그 질문이란 (1) 과외로 돈을 더 벌기를 원하는가? (2) 일주일에 6~10시간을 할애할 수 있는가?

네트워크 마케팅은 모든 사람에게 차별을 두지 않는다. 프로스펙트에게 필요한 것은 이 두 가지 자격 뿐이다.

이 분야에 있어서는 회사 경비원이 사장보다 더 좋은 성적을 올릴 수도 있다. 지금은 별로 관심이 없는 프로스펙트도 6개월 후에는 맹렬히 활동을 시작할 지 모른다. 지금 당장 사업을 하는 시간과 의욕이 있느냐 없느냐가 중요하다.

프로스펙트가 이 두 질문에 대해서 부정적으로 대답한다면 그 사람과 더 시간을 허비할 필요가 없다.

제6 단계: 비디오(CD) 요법

과거에는 네트워크 마케팅 사업가들이 회사의 사업, 보상 계획에 대해서 프로스펙트와 몇 시간씩이나 입씨름을 했다. 관심을 가지고 있는 프로스펙트는 밤 늦게까지 설득 작업을 하여서라도 그 자리에서 매듭을 지을려고 했다.

그러나 제3 물결 프로스펙팅에서는 결코 이렇게 해서는 안된다. 무슨 일이 있어도 토의를 오래 하는 것은 절대 금물이다. 목표는 훨씬 쉽고 훨씬 더 간단하다. 비디오 테이프(CD)를 보게 하면 된다.

이런 기법을 비디오 요법이라고 한다.

"이 사업에 관심을 표명했으니 두 가지만 약속을 해 주십시오." 라고 말해라. "택배로 비디오 테이프를 보내겠습니다. 내일은 받게 될 것입니다. 겨우 15분짜리입니다. 그 비디오를 보겠다는 약속을 우선 하시고 모레 전화를 드릴테니 그 비디오를 본 감상을 말해 주십시오."

이게 전부다. 이 말을 하는 데는 1분밖에 안걸린다. 너무 오랫동안 이런저런 이야기를 해서 결국에 자존심까지 상하게 되는 일이 없도록 하라. 비디오 테이프를 50개 가지고 있다면 이런 대화를 하루 50번 할 수 있다. 그만큼 더 프로스펙팅을 할 수 있다.

이틀 후에 그 비디오에 대한 감상을 물어보면 된다. 그 대답을 들어보면 여러가지를 알 수 있게 된다.

오디오 테이프가 더 쉽다

비디오 테이프를 볼 시간이 없는 사람들도 있다. 15분 밖에 안걸릴 지는 모르지만 그 테이프를 보려면 VCR을 틀고 테이프를 넣고 15분 동안 이것을 들여다 봐야 한다.

야넬은 프로스펙트에게 비디오 테이프나 오디오 테이프 중 한 가지를 선택하라고 권하고 있다. 두 가지를 다 권해도 좋다. 하루 종일 근무에 지쳐 비디오 테이프를 보고싶지 않은 프로스펙트는 다음날 아침 교통 체증에 걸려있을 때 자동차 스테레오에 그 테이프를 끼워 넣을 수도 있다.

비디오에 의한 심사

비디오 테이프는 2차적인 자격 심사 역할을 한다. 가능성이 있는 프로스펙트를 가려낸다.

프로스펙트에게 비디오에 대한 감상을 물어볼 때 그 대답에서 무엇인가 얻으려는 마음가짐을 가져라. 불쾌한 말을 하며 테이프를 확 던질 수도 있다. 그러면 어떤가.

〈업라인〉 편집장인 존 포그는 말한다. "그렇게 되면 시간과 일을 많이 절약한게 되지요." "그럼 그 비디오나 돌려 주십시오.... 라고 말하면 됩니다. 이렇게 되면 불과 몇 분만 허비했을 뿐이지요."

제7 단계: 잘 들으라

그러나 프로스펙트가 관심을 표명했을 때는 어떻게 할 것인가. 이 때에는 프로스펙트에 대한 당신의 반응에 달려 있다. 제3 물결 프로스펙팅에 있어서는 프로스펙트와 실갱이를 한다던지 반대에 일일이 대꾸해서는 안된다. 이 경우에는 프로스펙팅의 제8 단계로 그냥 옮겨 가기만 하면 된다.

프로스펙트에게 "그 비디오의 어느 부분이 마음에 들었습니까?" 라고 물어보고 그 사람의 대답에 귀를 기울여라.

"가장 효과적인 질문은 '무엇이 제일 좋았느냐?' '어떤 것이 제일 재미있었느냐?' '무엇이 가장 중요하다고 생각하느냐?' 라는 것이다." 포그는 말한다. "이렇게 물어보면 긍정적으로 대답하기 때문입니다. 무엇이 잘못되었고 무엇이 문제더냐고 물어보는 것보다 더 자기의 상상력과 창의력을 발휘하게 되기 때문입니다. 부정적인 질문은 점점 처지게 만듭니다."

프로스펙트의 대답을 통해서 그가 이 사업에서 얻고자 하는 것이 무엇인가 귀담아 듣고 찾아내야 한다.

"사업에 관심을 갖게 되면 '그들에게 가장 중요한 것이 무엇인가?' '그들의 가치관은 무엇인가?' '그들이 풀어야 할 문제점은 무엇인가?' 등을 보여주기 시작합니다." 포그의 말.

프로스펙트는 빚을 갚기 위해 과외로 돈을 버는 데 제일 관심을 갖고 있는 지도 모른다. 또는 자기 배우자에게 파트 타임 일을 구해 주려 하고 있는 지도 모른다. 3년 후에 퇴직해도 좋을 만한 돈을 벌려고 하고 있는 지도 모른다. 이 시점에서 프로스펙트가 하는 말이 무엇이건 다음 제8 단계로 옮겨갈 수 있는 지, 없는 지에 대한 단서를 제공한다.

하워드 솔로몬은 약간 다른 방식을 다음과 같이 제안한다.

"하고 있는 일 중에서 가장 싫은 일이 무어냐고 물어 보십시오. 그리고 희망 사항 리스트를 만들어 그 중 현재 상황에서는 도저히 달성할 수 없는 첫 번째 소원이 무엇인지를 알아 보십시오."

이런 방법에 의해서 프로스펙트가 하는 대답을 통해 그 문제의 해결 방법으로 이 사업에 가입시킬 수가 있다.

제8 단계: 모임 또는 행사

제3 물결 조직은 이 시점에서 프로스펙트를 마지막 결심으로 다가서게 하는 세 가지 선택을 제공한다. 실제 모임에 초청할 수도 있고 당신 회사에서 다음 번에 열리는 행사에 참가 예약도 할 수 있다. 또는 당신의 업라인 스폰서와의 삼자회담이라는 제9 단계로 옮겨 갈 수도 있다.

이 세 가지 방법은 모두 충격이 극히 적은 방법이다. 프로스펙트를 집이나 외부에서 하는 모임에 초청한다면 당신의 업라인이 대신 설명을 해준다. 그리고 함께 참석한 사람들의 열기가 공동작용하여 당신 대신 설득 작업을 해준다.

프로스펙트가 다음 모임이나 행사때까지 기다리려고 하지 않을 수도 있다. 당장 지금 업라인 스폰서를 만나려고 할 지도 모른다. 만일 그렇다면 제8 단계를 생략하고 나중에 이 과정을 밟으면 된다. 모임이나 행사는 아직 결심을 하지 못한 프로스펙트 못지않게 지금 교육을 받고 있는 열성회원에게도 매우 도움이 된다.

제9 단계: 2 대 1로 성사시키기

"비디오가 사람들을 가입하게 하지는 않습니다. 사람이 사람을 가입하도록 하는 거지요." 존 포그의 말.

비디오를 통해서 긍정적인 반응을 하는 즉시 그 프로스펙트를 될 수 있는 대로 빨리 업라인 앞에 데려가서 계약을 맺게 하라. 이것이 충격을 적게 주면서 상담을 성립시킬 수 있는 길이다.

삼자전화 설명회에서는 스폰서가 말을 하고 두 사람은 듣기만 하면 된다. 따라서 당신은 프로스펙트가 당신과 스폰서와 삼자 전화를 하도록 준비만 해주면 된다.

두 사람이 팀을 짜면 한 사람보다 일을 잘 하는 이유는 여러가지가 있다. 우선 숫자가 주는 힘이 있다. 다른 사람과 함께 일하면 자신이 더 생긴다.

친구나 가족을 프로스펙트 대상으로 삼을 때 전화에 모르는 다른 사람이 있기 때문에 잡담으로 시간을 보내지 않게 된다. 또한 당신의 프로스펙트는 한 사람이 아니라 이미 두 사람이 가입했다는 것을 알고 그 사업에 대해 더 많은 관심을 갖게 된다.

프로스펙트에게 전화로 또는 직접 당신의 스폰서와 만나보라고 부탁할 때 그 사람이 무엇인가 큰 기대를 갖는 것보다는 약간 걱정을 하는 편이 더 좋다. 그리고 그 모임에 참가한다 하더라도 아무런 부담이 없다는 것을 확실하게 말해 주라. 이렇게 하면 그 사람이 부담감을 느끼지 않게 된다.

제10 단계: 사업에 전념케 하라

"축하합니다. 한 건 했군요." 새 디스트리뷰터와 계약을 마쳤다. 그러나 한 가지 마지막 절차가 남아 있다. 당신이 후원한 디스트리뷰터가 실제로 사업에 전념하지 않는다면 그저 명단에 있는 이름에 그친다. 사업에 전념할 수 있도록 후원하라. 새 디스트리뷰터가 물품 주문서를 작성하여 사업에 착수했다는 것을 보여줘야 한다.

새 디스트리뷰터를 사업에 가입시켰다고 들떠서 사업을 빨리 시작하라고 독촉을 하면 부담감을 느끼고 도망가는 수도 있다. 부담을 느끼지 않도록 조절하라.

네트워크 교육가인 데이비드 롤러는 "당신이 가지고 있지 않은 것은 잃어버릴 수 없다"는 원칙을 지킬 것을 권한다.

사실 새 디스트리뷰터가 실제로 사업에 착수하기 전에는 디스트리뷰터를 구했다고 할 수 없다.

최악의 경우를 생각해 보자. 새 디스트리뷰터에게 5백 달러치의 제품을 사라고 부탁하고 리스트에 있는 가능성이 많은 사람과 삼자전화 회담을 마련해 놓았다고 하자. 이때 새 디스트리뷰터가 시간이 없어요, 별로 하고 싶지 않아요 라고 말한다고 하면,.....

이런 경우 손해 볼 게 무엇인가? 아무것도 없다. 왜냐하면 이 사람은 애당초 사업을 할 생각이 없었다. 잃어버린 게 아무것도 없으니 손해본 것도 없는 것이다.

너무 많은 정보를 주지 말라

가장 흔히 저지르는 실수는 프로스펙트에게 너무 많은 정보를 알려주는 것이다.

대부분의 프로스펙트는 당신 회사의 장점에 대해 자세한 강의를 듣기 원하지 않는다. 회사가 망하지 않고 사업이 계속 잘 되어가는지만 알면 된다. 제품에 대한 박사학위 논문 보다도 사람들이 그 제품을 잘 사간다는 것을 알게 하면 된다.

그리고 대부분의 경우 회사의 보상제도에 대해서 자세한 것을 알려고도 하지 않는다. 그저 돈을 얼마나 벌 수 있는가 하는 것만 알면 된다.

당신 프로스펙트에게 회사에서 제작한 모든 비디오, 브로슈어, 매뉴얼을 몽땅 안겨주려고 하지 말라. 프로스펙트가 이런 것들을 거들떠 보지 않게 하는 가장 확실한 방법이다.

제일 잘 만든 가입자용 비디오(CD) 하나만 쓰라. 될 수 있으면 15분 이내의 것이 좋다. 그 이상의 정보는 본격적인 교육을 받을 때까지 기다리게 하라.

홀로 서기

스폰서에게 언제까지 기댈 수는 없다. 3개월 정도가 지나면 혼자서 제품과 사업 설명을 할 수 있어야 하고 삼자회담에서 설명하는 역할을 해야 한다. 그리고 새 디스트리뷰터에게도 이런 것을 어떻게 할 수 있는 지 가르쳐 주어야 한다.

제3 물결 설득법의 전문가가 되어야 한다.(제7장 참조)

광고를 통한 지렛대 프로스펙팅

광고나 우편물을 통하여 지렛대 식으로 프로스펙팅을 하는 네트워크 마케팅 사업가가 많다. 그런데 경험이 많은 네트워크 사업가들은 이런 부산은 떨지 말라고 충고한다. 이런 방법을 제대로 하려면 대개 돈이 많이 들게 된다.

이 방법은 얼굴을 맞대고 판매하는 것을 꺼리는 디스트리뷰터들에게 심리적인 도움은 줄 수 있다. 또한 광고를 내고 우편을 보내는 데 따르는 부산한 움직임 때문에 무언가 사업을 하고 있는 듯한 느낌도 갖게 한다. 그러나 전화기를 들고 가능성이 높은 명단에 있는 사람을 접촉하는 것이 훨씬 더 좋은 결과를 얻을 수 있다.

그렇지만, 모든 단계의 네트워크 마케팅 사업가들은 이와 같은 수법도 있다는 것을 알고는 있어야 한다. 기술은 나날이 발달하여 평균적인 네트워크 마케팅 사업가가 지렛대 프로스펙팅을 사용할 수 있는 방법도 늘어나고 있다.

광고는 장기적으로

인쇄물은 네트워크 마케팅 광고를 하는 사람이 제일 좋아하는 매체다. 사업에 대한 광고는 일간지, 주간지, 잡지, 무료 광고지에 실린다. 라디오나 텔레비전은 인쇄물만큼 많이 사용되지는 않는다. 그러나 근자에는 케이블 텔레비젼을 통해서 소비자가 직접 반응을 하는 정보 광고를 하는 회사가 점점 늘어가고 있다.

경험이 많은 네트워크 마케팅 사업가의 대부분이 일회용 광고는 시간 낭비라는 데 동의한다. 실속있는 결과를 얻으려면 장기간에 걸쳐서 정기적으로 광고를 해야 된다. 이렇게 하면 광고를 내는 출

판물로부터 특별 할인 혜택을 받을 수도 있다. 광고에 대한 반응이 적다 하더라도 광고비는 절감되기 마련이다. 또한 프로스펙트의 마음 속에 당신의 광고에 대한 신뢰도를 쌓아 올릴 수 있다.

광고를 두서너 번만 보고 반응을 일으키는 프로스펙트는 많지 않다. 그러나 여러 번 광고에 접하다 보면 그 광고가 뿌리를 박게 되어 더 관심을 갖게 되고 신뢰감도 커지게 된다.

완전한 광고문

광고문은 어떻게 만들면 좋을까?

디스트리뷰터 제리 러빈은 이렇게 말한다. "당신을 사로잡았던 바로 그 어귀를 사용하십시오. 당신의 반응을 일으켰던 그 문장을 생각해 내시오. 그것이 당신의 광고문입니다."

허위 광고라는 인상을 느끼게 하는 것을 피해야 되는 것 말고는 광고문을 쓰는 일정한 규칙은 없다. 허위 광고는 비윤리적일 뿐만 아니라 자기가 원하는 프로스펙트를 끌어들이지도 못한다.

다음과 같은 광고를 실었다고 하자. 이 문안은 〈빅 앨의 리크루팅 폭발을 이룩하는 법〉에서 따온 것이다.

사람 구함
파트 타임으로 월수 500~1000 달러 보장. 무료 교육.
사업의 리더가 되는 무한정한 가능성.
전화: 999-9999

'빅 앨에 의하면 이 광고의 문제점은 월급을 받고 일하는 것을 약속하는 것 같은 인상을 준다는 것이다. 사람들에게 그런 직장을 약속한다면 그들은 의례 그런 직장을 요구한다. 이 광고에 응모한 프로스펙트들은 그게 아니고 자기들의 시간과 돈을 투자해야 된다는 말을 듣고 속았다고 생각한다. 빅 앨은 이런 식으로 광고문을 고쳐보라고 권한다.

> **사업의 기회**
> **자기 사업을 파트 타임으로 시작해 보십시오. 굴지의 네트워크 마케팅 회사가 파트 타임 디스트리뷰터를 찾고 있습니다. 자본금 1백 달러 미만.**
> **전화: 999-9999**

직접 우편은 전문가만 할 수 있다

우편을 통한 프로스펙팅에서 지켜야 할 첫번째 규칙은 이것이다. '아예 하지 말 것'

편지 발송은 돈과 시간이 많이 들고 효과도 별로 없다고 빅 앨은 지적한다. 1천 명의 좋은 명단을 구하기 위해서는 명단 브로커에게 50 달러를 지불해야 한다. 광고지 비용, 우편 요금, 무료 반신 봉투 값까지 포함해 5만 명에게만 발송해도 2만 달러 이상의 경비가 소요된다. 게다가 직접 우편 전문가들이 말하는 2%의 반응이 꼭 있다는 보장도 없다.

"직접 우편의 평균적인 반응 비율이라는 것은 없습니다. 평균적인 우편 주문이라는 것이 없기 때문입니다." 빅 앨의 말이다.

직접 우편은 전문가만 할 수 있다. 이 사람들은 돈과 컨설턴트가 여러 명 있으며 일류 카피라이터와 그래픽 디자이너들을 갖추고 있어 이 일을 해낼 수 있다. 광고 발송을 한 번 하는 데 2만 달러를 투자하여 뚜렷한 효과를 얻지 못해도 사업이 망하지는 않는다.

크게 성공하기 전까지는 2 대 1 회의를 고집하는 게 좋다.

기술의 이점

지금까지 한 말이 독자의 기를 꺾을까봐 지렛대 프로스펙팅도 네트워크 마케팅에 있어서 장래성이 있다는 것을 말하고 싶다. 열쇠는 새 기술에 있다. 컴퓨터나 휴대 폰 기능은 계속 발전하고 값은 점점 떨어지면서 사용자 위주로 만들어지기 때문에 직접 우송 광고나 그밖의 지렛대 방식을 사용한 프로스펙팅이 일반 디스트리뷰터가 이용하기 쉬워지고 있다.

그러나 이와 같은 기술은 전문가들만 주로 다룰 수가 있다. 필요한 하드웨어 소프트웨어를 마련하려면 아직도 엄청난 돈이 소요된다. 미리 약속을 하지 않고 무작정 거는 전화보다 시간도 더 많이 들여야 한다. 당분간 일반 디스트리뷰터는 전화와 친한 사람들의 명단만 가지고 사업을 하는 게 낫다.

당신의 진주를 찾으라

'진주 조개' 이야기는 여러가지 조금씩 다른 내용으로 네트워크 마케팅계에 여러 해 동안 퍼져 왔다. 애초에 그 이야기를 누가 꾸며냈는 지 모르겠지만 가망 고객을 선발하는 데 가장 좋은 방법을 잘 요약해 준다.

옛날 진주조개잡이 두 사람이 있었다. 스타브로스와 기올고스라는 두 사나이는 그리스 어느 섬에 살고 있었다. 스타브로스는 돈을 많이 벌었다. 그러나 기올고스는 자기 식구도 먹여 살리기가 힘들었다. 하루는 스타브로스가 운이 없는 동료 기올고스를 도와줄 수 없을까 하고 궁리한 끝에 함께 잠수해 보자고 했다.

기올고스는 해변 밑바닥까지 내려가 그럴 듯해 보이는 조개를 하나 찾아냈다. 그 조개를 해변으로 조심스럽게 가지고 나온 기올고스는 칼로 조개 껍질을 가르기 시작했다.

스타브로스가 물었다. 왜 그렇게 물 속에서 빨리 나왔어? 기껏 잠수해서 조개 하나 가지고 나왔단 말이야?"

기올고스가 답했다. "참견 마. 나는 이 조개가 틀림없다는 예감이 들었어, 이 속에 무언가 있을 거야."

스타브로스는 친구가 진주조개를 쪼개는 것을 말없이 지켜 보았다. 아뿔싸, 조개 속에 진주는 없었다. 기올고스는 조개를 조심스럽게 닫아 두 손으로 움켜쥐고 지긋이 눈을 감고 몸을 앞뒤로 흔들었다.

"기올고스, 뭐하는 짓이야?" 스타브로스가 물었다.

"나는 이 조개를 믿어, 내가 이 조개를 잘 보살펴서 따뜻하게 해주면 내 은혜에 보답하려고 언젠가는 진주를 하나 길러낼 거야."

스타브로스는 머리를 설레설레 흔들며 그 자리를 떠났다. 해가 저물고 있어 서둘러 일을 해야 될 것 같았다. 기올고스가 그 별난 조개를 돌봐주고 있는 동안에 스타브로스는 혼자 물 속에 잠수하여 조개 백개를 그릇에 담아 해변으로 끌고 나왔다. 그리고 하나하나 가르기 시작했다. 진주가 없는 조개는 모조리 물 속에 던져 버렸다.

땅거미가 질 무렵이 되었다. 스타브로스는 친구가 어떻게 하고 있나 살펴 보았다. 기올고스는 아직도 그 조개를 간호하고 있었다.

"자네, 뭐 좀 잡았나?" 기올고스가 물었다.

"물론이지." 스타브로스는 대답했다. "빈 조개 아흔다섯 개는 버렸지만 다섯 개는 진주가 들어있었네. 오늘 저녁 집사람과 레스토랑에서 한 잔 해야겠어."

그러자 기올고스가 말했다. "스타브로스, 너는 정말 언제나 운이 좋은 놈이구나."

운이 아니다

물론 운과는 전혀 상관이 없는 일이다. 챔피온 디스트리뷰터는 신통찮은 가망 고객 백명을 찾아 그 중에서 진주 다섯 개를 가려내는 사람이다.

기올고스처럼 행동하는 네트워크 마케팅 사업가가 많다. 계속해서 완강히 거절하는 데도 자꾸 매달린다. 물론 기올고스 방식대로 하는 사람도 남에게 퇴짜맞는 것을 좋아하지는 않는다. 그러나 자기가 알고 있다고 생각하는 한 가망 고객으로부터 퇴짜를 맞는 것이 전혀 모르는 가망 고객 백 명으로부터 퇴짜맞는 것보다 훨씬 수월하다고 생각한다. 그러면서 활동하고 있지 않는 고집센 가망 고객을 설득시키려 노력하고 있기 때문이라고 자기를 합리화시킨다.

마음을 닫아 버렸거나 지나치게 회의적인 사람들에게 너무 사정을 하거나 설득시키려고 공연한 시간을 보내지 말라. 남을 구슬려야 할 필요가 있다면 일단 가입시킨 다음 사업을 열심히 하라고 달래는 것이 낫다.

진주조개 이야기의 교훈을 받아들여라. 쓸모없는 것들은 물 속에 도로 버려라.

하워드 솔로몬은 말한다. "사람은 얼마든지 있습니다. 그 사람들 중에서 가려내기만 하면 됩니다. 진짜 하려는 마음이 있는 사람만 찾아내십시오."

빈 조개는 다 무엇에 쓰나? 네트워크 마케팅에서 완전히 빈 조개라는 것은 없다. 일선 디스트리뷰터의 지도자가 될 만한 조개가 아닐 지도 모른다. 그러나 가장 형편없는 가망 고객도 도매 구입자가 될 수 있다. 다른 가망 고객을 소개해 줄 수도 있다. 그 소개받은 가망 고객이 진주를 낳게 될 지 누가 알겠는가. 한번 알아본다고 손해볼 건 하나도 없다.

목표로 하는 시장

80/20 법이라는 것이 있다. 사업의 80%를 다운라인 디스트리뷰터 20%가 꾸려 나간다는 것을 말한다. 그렇기 때문에 제대로 된 디스트리뷰터를 확보하는 것이 중요하다.

소기업 소유자나 관심을 갖고 있는 전문직 종사자를 만나려면 지역 사회 조직을 통하는 것이 가장 좋은 방법이다. 지역 상공회의소 연수 교육이나 행사에 참가하라. 라이온스 클럽, 로터리 클럽 등의 지방 단체에 연락하여 "네트워크 마케팅-미래의 물결이냐, 불법 피라미드 판매 사기냐"와 같은 제목으로 강연을 하겠다고 신청해 보라고 〈업라인〉의 존 포그는 권하고 있다.

소기업 소유주

소기업 소유주는 네트워크 마케팅 가망 고객 확보의 아주 좋은 어장이다. 우선 이 사람들은 기업 운영의 어려움을 잘 알고 있다.

혼자 사업을 운영하기 때문에 여러가지 중대한 결단을 내리느라 고심을 한다. 또 이들은 일선 리더가 되는 데 필요한 신용과 현금을 가지고 있는 수가 많다.

소기업 소유자가 네트워크 마케팅을 할 태세를 갖추고 있다고 할 수 있는 또 하나의 이유는 이들이 상처를 입고 있다는 점이다.

톰 힐은 말한다. "지금 당장 고통을 느끼고 있는 사람을 찾아가야 합니다. 이런 사람들이 바로 소기업 소유자들입니다."

힐이 지적하는 것처럼 소기업 소유자들은 요즈음 세금의 증가, 근로자 복지비, 정부 규제, 높은 대출이자 등으로 휘청거리고 있다. 번잡한 행정 규제를 비켜나가며 사업을 하는 방법이 있다는 말에 솔깃하는 소기업 경영자가 많다.

톰 힐은 말한다 "집사람 테리와 나는 다운라인 디스트리뷰터가 5천 명이 있습니다. 그러나 우리는 연금, 의료 보험비, 산재비, 실직 수당 따위를 한푼도 내지 않습니다. 디스트리뷰터의 한 사람이 실수를 하거나 떨어져 나가더라도 실직자 보상금을 지급할 필요가 없습니다. 일반 사업이 얻는 혜택은 다 받으면서 골치썩을 일은 아무것도 없습니다. 이런 것을 소기업 소유자들에게 설명을 하면 솔깃해질 겁니다."

다른 네트워크 마케팅 사업가도 후원하라

어떤 네트워크 마케팅 사업가는 경험있는 디스트리뷰터 중에서만 리더를 구해야 된다고 주장한다.

하워드 솔로몬은 말한다. "마치 프로 운동 팀이 새 프랜차이즈를 시작하는 것과 같습니다." "팀의 구성 멤버를 어떻게 짤 것인가.

신문에 광고를 낼 수도 없고 결국 다른 프로 팀을 기웃거릴 수밖에 없습니다. 프로 선수를 교환하기도 하고 선발하기도 합니다. 네트워크 마케팅 사업을 하는 방식 중의 하나도 이와 같습니다."

솔로몬은 처음 사업을 시작하는 사업가도 가까운 친구에게 네트워크 마케팅 사업가 중에 아는 사람이 없는가 물어보라고 권한다.

"현재 그 회사에 불만을 느끼고 더 좋은 사업 수단을 찾고 있는 사람을 찾으십시오."- 솔로몬.

해외로 진출하라

제3 물결은 과거의 네트워크 마케팅 사업가가 엄두도 내지 못했던 새롭고 비옥한 프로스펙팅 시장을 활짝 열어 놓았다. 그것은 바로 해외 시장이다.

톰과 테리 힐 부부는 홍콩, 호주, 뉴질랜드, 일본 그밖에 많은 나라에 다운라인을 가지고 있다. 자기 자신의 힘만 가지고는 해외 영토를 개척한다는 복잡한 일을 감히 엄두도 내지 못했었다. 그러나 회사의 전세계에 걸친 기본 구조 덕택에 힘들이지 않고 그 일을 해낼 수 있었다. 위와 같은 다른 나라에서 리크루트를 하기 위해 힐 부부는 집을 떠날 필요가 없었다.

톰 힐은 말한다. "우리 디스트리뷰터 중 가장 활동적인 사람이 호주 시드니에 살고 있는 어느 부인입니다. 나는 그 부인을 만난 적이 없습니다. 전화로 사업 이야기를 많이 합니다. 팩스와 이메일을 통해 정보를 주고 받기도 하고 교육용 비디오와 오디오 테이프 등 필요한 자료를 보내주기도 합니다."

필요한 경우 힐 부부는 본사가 마련해 주는 국제 영상 회의를 통하여 외국에 있는 다운라인과 연락을 하기도 한다.

본사의 기초 구조는 해외 사업을 하는 데 필요한 엄청난 기술적 문제점들을 모두 처리해 준다. 그렇기 때문에 누구나 국경을 넘어서지 않고 사업을 할 수가 있다.

디스트리뷰터가 해외에 진출하는 데 필요한 세금 문제, 비용, 통관, 수출입 허가 등을 본사에서 다 처리해 준다. 환전에 따르는 골치아픈 문제도 본사에서 다 처리해 주기 때문에 디스트리뷰터들은 이런 문제로 골치를 썩힐 필요가 없다.

"매달 우리가 받는 프린트 아우트(출력 정보 지시 테이프)는 나라별로 우리 판매량과 번 돈의 미국 달러 환산 내역서를 자세히 알려 줍니다." -테리.

회사 이미지를 활용하라

회사의 실적이 잘 알려진 대기업에 소속되어 있다고 말하면 가망 고객의 관심을 끌기가 훨씬 쉽다. 제3 물결 디스트리뷰터는 회사 이미지를 회원 가입의 강력한 도구로 사용하고 있다.

해외에 진출하는 데 있어서 톰 힐은 이 이점을 최대한 사용하였다. 약 3백 여명의 가능성 있는 명단을 가지고 그는 홍콩의 힐튼 호텔에 투숙하였다. 이 명단은 자기 다운라인에게 소개 받았거나 도서관에서 빌린 홍콩 사업자 명단에서 구한 것이었다.

"연수 1백만 내지 5백만 달러의 수익을 올리는 회사 사장들을 목표로 삼았지요."

메릴 린치 증권 소개업을 한 적이 있는 힐은 회사 사장이나 최고 경영자에게 남의 소개도 받지 않고 전화를 걸어 본 일이 많았다.

이 사람들과 직접 전화를 한다는 일이 얼마나 어려운지도 잘 알고 있었다. 미국의 최고 경영자들은 첩첩히 둘러싸인 벽 속에 살고 있으면서 쓸데없는 세일즈 전화를 경계하고 있다. 그러나 외국에서 하는 가망 고객확보 활동은 훨씬 쉽다는 것을 알게 되었다.

베트남과 극동 지역에서 건설업을 하여 큰 돈을 번 홍콩의 부동산업자를 후원하는 데 성공하였다. 이 사람은 새 사업을 시작할 때마다 수백만 달러의 자금을 조달하는 일에 싫증을 느끼고 돈을 크게 들이지 않고 쉽게 할 수 있는 일을 찾고 있었다.

"이 사람에게 전화를 걸어 나는 미국의 억대 기업에 소속되어 있는 사업가라고 소개를 했지요. 만나 뵙고 사업 이야기를 하고 싶습니다. 했더니 시간 약속을 해 줍디다."

힐은 이 사람을 호텔 로비에서 만났다. 20분 동안 사업 설명을 한 다음 최악의 경우에 대비하고 숨을 죽이며 그 부동산업자를 지켜보았다. 그 사람이 미국 사업가였다면 속았다고 생각했을 지도 모른다. 발끈 화를 내며 네트워크 마케팅 이야기에 시간을 허비한 것을 분하게 생각했을 지도 모른다. 그러나 그 아시아의 실업가는 트여있는 사람이라는 것을 알고 마음이 놓였다.

"그 사람은 그 자리에서 가입 계약을 했습니다." 그리고 "'자, 이제 일을 시작합시다' 라고 그 사람은 말을 했지요."

최근 들려오는 소식에 의하면 그 사람은 네트워크 마케팅 사업을 썩 잘하고 있다고 한다. 힐이 아시아 실업가에게서 발견한 사업 윤리 기준으로 미루어 볼 때 그것은 조금도 놀랄 만한 일이 아니었다.

"그 사람들은 첨단 기술을 최대한 활용하여 하루 일을 합니다.

저녁 먹으러 갈 때도 휴대폰을 사용해서 계속 전화도 하고 메일도 보냅니다."

본사의 빈틈없는 해외 기초 구조의 도움 없이는 힐이 아시아 사업가의 가치 기준에 접할 기회는 없었을 것이다. 그리고 태평양 연안 국가의 업계 거물과 사업상 여러가지 거래를 하는 짜릿한 재미도 맛보지 못했을 것이다.

무한한 가능성

약속없이 전화를 걸었다가 퇴짜를 맞을 지도 모른다는 두려움을 완전히 제거해주는 방법은 없다. 그러나 제3 물결 가망 고객확보의 저충격 접근 방법은 예전 세일즈맨은 생각지도 못했던 힘을 준다. 당신의 시간과 노력과 수완을 한 가지 목적에 전력투구하는 힘을 준다. 당신의 사업에 가입시키기 위해서 사람을 만나고 설득시키는 것이 그 목표다.

"계란은 모두 한 바구니에 넣어야 한다. 그리고 그 바구니를 지켜 보아라." 카네기의 말이다.

한 사람의 집중적인 노력은 어떠한 장애물도 물리칠 수 있는 힘을 가지고 있다는 것을 카네기는 잘 알고 있었다.

제3 물결의 디스트리뷰터도 마찬가지다. 꿈을 갖고 계획을 세우고 그 시스템대로 사업을 운영하라. 그 절차만 충실히 따른다면 아무리 높은 목표라 할 지라도 반드시 실현될 것이다.

제 7 장

제3 물결의 설득 방법

사업에 의심이 많은 프로스펙트(가망 고객)를 설득했다고 하자. 15분짜리 비디오(CD)를 보고 이 사업에 대해 더 알고 싶다고 말해서 삼자 모임를 통해 업라인 스폰서와 이야기를 나누었지만 아직 확신이 서지 않는 모양이다. 사업 설명회에 초청했더니 시간이 없다고 말하고 사람 만나기도 싫어 한다. 이런 사람은 어떻게 하면 좋을까?

과거에는 이것에 대한 대답이 전혀 없었다. 거들떠보지도 않을 브로슈어나 복사한 설명서를 계속 보내는 것 말고는 아무것도 할 수 없었다. 전화를 걸거나 직접 만나 못살게 굴다가 결국 진절머리가 난다는 말을 듣게 되는 수밖에 없었다. 그렇지 않으면 잠시 물러섰다가 몇 주 또는 몇 달간 친교를 맺어 다시 사업 이야기를 꺼낼 때까지 조심스럽게 기다려 보는 것 말고는 뾰족한 수가 없었다. 그러나 요즈음은 이것 이외의 선택 방법이 있다.

제3 물결 설득 시스템

제3 물결 네트워크 마케팅은 설득 과정의 결정적인 순간에 설득력을 확대시켜 주는 새로운 방법을 많이 개발해 냈다. 이 방법 중에는 위성회의 또는 전화회의 같은 눈부신 새로운 기술도 있다.

반대 의견을 아름답게 조정하고 편견을 깨뜨리고 회의나 모임을 통해 다운라인과 협조하여 프로스펙트를 설득하는 종래의 방식은 두드러지진 않지만 더 강력한 작용을 한다.

그러나 이 모든 방법은 한 가지 원리에 의해 한데 묶여 있다. 즉 이런 기술은 성공한 사람의 지식과 노력과 훈련을 통하여 당신의 설득을 도와준다는 것이다. 제도를 믿고 자기 자신의 방식을 만들어 내려고 애쓰지 말아야 된다는 것이 언제나 그 열쇠가 된다.

전화회의의 위력

제3 물결의 가장 단적인 예는 전화회의일 것이다. 당신은 아무런 노력을 할 필요가 없다. 그러나 가장 까다로운 프로스펙트라도 결심으로 이끌게 하는 놀랄 만한 효과가 있다.

예를 들어 위에서 말한 상황에 놓여 있을 때에 그 완강한 프로스펙트에게 모월 모시에 어떤 전화번호를 돌려 듣기만 해 달라고 부탁을 해본다. 나머지 일은 회사에서 알아서 처리한다.

"25분간만 들어 보십시오." "듣다가 재미 없으면 끊어 버리세요. 더 이상 괴롭히지 않겠습니다." 라고 말하라.

믿지 못할 정도로 전혀 압력을 쓰지 않는 판매 방법이다. 프로스펙트는 전화번호를 돌려 전문 아나운서의 인사말을 듣기만 하면 된다. 그 아나운서는 그 전화를 듣고 있는 사람이 지금 몇 명이라는 사실을 알려준다. 어떤 때는 수 백 명, 때로는 수 천 명이 된다. 그 전화를 듣고 있는 청중은 세계 여러나라 사람일 수도 있다. 이렇게 많은 사람들이 그 전화를 듣고 있다는 사실만 가지고도 당신의 프로스펙트는 깊은 인상을 받을 것이다.

다음에는 본론에 들어간다. 아나운서는 업계의 거물들을 여러 명 소개하고 이 사람들과 인터뷰를 한다. 이들은 회사의 창립자, 사장, 일류 마케팅 교육가, 무일푼에서 시작하여 큰 돈을 번 새 디스트리뷰터 등 여러 사람들이다. 할리우드 토크쇼만큼 화려하고 황홀한 이 전화회의는 마케팅 회사와 제품과 마케팅 사업 자체를 선전 판매한다. 25분의 설명이 끝난 다음에도 당신의 프로스펙트의 마음을 완전히 사로잡지 못할 수도 있다. 그러나 무언가 굉장한 사업이라는 생각은 틀림없이 갖게 될것이다.

스피커폰 회의

신디아는 말한다. "우리는 아는 것이 아무것도 없었습니다." "우리 집 거실에서 5명의 프로스펙트와 모임을 가졌는데 무어라고 말해야 할 지 막막했습니다."

이들 부부는 어떤 말을 할 필요가 없었다. 이들은 스피커폰 회의를 열고 있었다. 지정된 시간이 되자 수 천 마일 떨어진 올란도에 살고 있는 이들 스폰서 톰 피녹에게 전화를 걸었다. 스폰서 피녹은 스피커폰을 통하여 열심히 듣고 있는 청중에게 30분 동안 사업 설명을 하였다. 프로스펙트 5명 중 3명이 그 자리에서 계약을 맺었다.

"처음 30일 동안은 모임을 열 때마다 이런 식으로 했습니다."

이들 부부는 스피커폰 회의가 스폰서에 대해서 어떤 신비한 분위기를 자아내게 하여 판매활동에 큰 도움을 준다는 것을 발견하였다.

커비는 말한다. "스피커폰 회의는 신비한 데가 있습니다. 스폰서가 보이지 않으니 그만큼 더 호기심을 자극하게 되지요."

피녹이 직접 회의를 주제하기 위하여 신디아의 거실에 직접 나타나게 되자 그는 일종의 스피커폰 명사가 되어 있었다.

"누구나 피녹을 몹시 보고 싶어했지요." "그날 저녁에는 30 명이나 모였습니다." -신디아.

OPS(다른 사람의 성공)를 사용하라

과거의 네트워크 사업가는 설득 기술을 능수능란하게 사용해야했다. 그러나 제3 물결 디스트리뷰터는 OPS, 즉 다른 사람의 성공을 이용한다. 5백 달러의 여유가 있고 20분을 할애할 수 있는 디스트리뷰터는 누구나 위성 안테나를 설치하여 자기 집을 소회의 센터로 바꿔놓을 수가 있다. 당신의 프로스펙트는 당신 거실에서 맥주를 마시거나 피자를 먹으며 정계의 정당대회 같은 회사의 설명회를 시청할 수 있다. 아무런 교육도 받지 않고 설득 기술이 없어도 이것을 할 수 있다.

커비는 말한다. "달라스에서 개최한 대규모 지역대회를 30분 동안 방영했습니다." "수많은 프로스펙트가 전국 도처에서, 거실에서, 사무실에서, 어디서나 그것을 시청했습니다. 회사 사장의 연설을 들었고 제품을 발명한 사람, 사업을 성공시킨 디스트리뷰터들의 연설도 있었습니다. 반응이 참 좋았습니다."

위성회의와 전화회의는 설득과정에 전문적인 성공기법을 주입시킨다. 프로스펙트에게 이 사업에 참가하고 있는 사람이 수만명 있다는 것을 알게 한다.

이 회의는 매우 세련되고 출연자들도 일류급이다. 모든 것이 매끈하게 준비되어 있다. 이걸 전적으로 의존하기만 하면 된다. 끝난 다음 설득 과정 중에서 더 재미있는 부분에 마음 내키는 대로 당신 힘을 기울이면 된다. 즉 프로스펙트와 친구로 사귀는 일이다.

특공대 요소

요즈음은 스마트 폭탄(레이저 광선으로 유도되어 목표를 명중시키는 폭탄)과 컴퓨터로 조작하는 토마호크 미사일로 전쟁을 한다. 그러나 특공대는 아직도 백병전 연습을 한다. 손, 발, 칼을 사용하는 특공대 훈련은 점점 더 맹렬하고 조직화되어 간다. 최신 야간용 안경과 어깨에 얹고 발사하는 스팅거 미사일로 무장하고 있을 때나 전혀 무장을 하지 않고 벌거벗고 있을 때나 현대전 군인은 항상 적에게 위협적이어야 한다.

이와 마찬가지로 제3 물결 특공대도 육박전 세일즈맨십 훈련을 받아야 한다. TV가 꺼지고 비디오 테이프도 끝나고 전화회의도 끝나버려 적당한 말을 찾아 내려고 궁리하며 프로스펙트를 멍청히 바라만 보고만 있으면 이 세상의 모든 기술이 무슨 소용이 있겠는가?

육박전 판매

1대1로 하는 육박전 설득이 아직도 상대방을 설득시키는데 있어 진짜로 효력을 발생하는 유일한 국면이다. 직접 맞대면을 해야 프로스펙트는 자기 반대 의견을 말할 수 있고 가장 심각한 문제에 대한 대답도 얻을 수 있다. 사업 초기 단계에서는 업라인 스폰서가 삼자회의나 전화를 통하여 이런 것을 대신 처리해 준다.

그러나 스폰서는 결국 둥지에서 당신을 내쫓아 버린다. 자기 스스로 설명회를 해야 하고 다른 사람에게도 그걸 어떻게 해야 되는지 가르쳐 주어야 한다.

업라인이 가르쳐 준 대로 하는 것이 가장 좋은 방법이다. 그런데 이 기본 원리를 완전히 터득하게 되면 더욱더 확실한 설득 방법으로 자신의 무기 레퍼토리를 더 늘려야 되겠다는 생각을 하게 된다.

6단계 접근 방법

제3 물결 설득은 강압적이 아닌 설득 방식이다. 상담 성립이 아니라 선택과 가능성 제공을 그 목적으로 한다.

프로스펙트에게 당신의 생활 방식과 사업 방식이 훨씬 더 용이하고, 더 재미있고, 돈도 더 잘 벌 수 있다는 것을 설득시키는 것을 목표로 해야 한다. 일류 네트워크 마케팅 전문가와 업라인 리더가 지금까지 모은 최고의 아이디어의 정수를 모은 여섯 가지 설득 방법을 설명하겠다.

제1 단계: 우선 마음이 통해야 한다

다른 사람과 마음을 통하기 위해서는 상대방에 대한 진정한 관심만 보여 주면 된다. 네트워크판매 교육가인 존 칼렌치는 "안녕하십니까" 기법을 권하고 있다.

프로스펙트를 만나면 안녕하십니까?.라고 인사를 한다. 그러면 상대방은 별로 마음이 내키지 않은 체 "네, 안녕하세요?"라고 대답한다. 그럴 때 앞으로 몸을 좀 굽히고 "아니, 정말로 안녕하십니까?"라고 물어 보라.

다음에 그 프로스펙트가 무어라고 말하는지 유심히 살펴 보라.

어떤 말을 하건 상관 없다. 프로스펙트로 하여금 될 수 있는 대로 말을 많이 하게 하라. 말을 하다가 막히는 듯하면 "그래서 어떻게 됐어요?"하고 말을 계속 하도록 유도하라. 하고 싶은 말을 실컷 다 하고 나면 세상엔 참으로 친절한 사람도 있구나 하는 생각을 하게 된다. 이 모든 것은 몇 분이면 된다.

제2 단계: ABC 기법을 사용하라

"보온병 마개가 닫혀 있는데 뜨거운 커피를 부으려고 하겠습니까?" 물론 그렇지 않을 것입니다. 그러나 대부분의 사업자는 네트워크 마케팅 프로스펙트를 이런 식으로 모집합니다. 답답하지요."

클레멘츠에 의하면 네트워크 마케팅 사업가는 준비도 제대로 하지 않고 상대방을 억지로 강요하려 든다고 한다. 이 문제를 해결하기 위해 클레멘츠는 이른바 "ABC 기법"을 개발해 냈다.

사업을 소유하지 않는 사람들을 대상으로 한, 시장조사의 예를 들고 있다. "사업 소유를 고려한 적이 있습니까?"라는 조사였다.

이 중 85%가 그런 생각을 해 보았다고 대답했다. 다음의 조사 항목은 "왜 사업을 시작하지 않았습니까?" 였다. 거의 전부가 다음 네 가지 이유를 들었다.

- 돈이 많이 든다.
- 시간이 많이 든다.
- 너무 모험적이다.
- 그 방법을 모른다.

"네트워크 마케팅의 장점은 이와 같은 네 가지 이유를 일소해 버리는 데 있다." 이에 대한 설명으로 클레멘츠는 프로스펙트에게 다음과 같은 사업을 하겠느냐고 물어 보라고 한다.

- 사업을 시작하는 데 필요한 경비는 5백 달러 이하이고 수익 가능성은 〈포천〉지 선정 5백대 기업 사람들보다 높다.("돈이 많이 안 든다.")
- 1주에 10~20시간 정도만 투자하면 된다.("시간이 많이 안 든다.")
- 이 사업으로 지금 정도의 수입을 올릴 때까지 현재 하고 있는 일을 계속할 수 있다.("모험적이 아니다.")
- 사업을 위한 조사, 개발, 급료 지불, 발송, 세금, 법률 문제 등을 본사가 완전히 맡아 처리한다. 그 비용은 1년에 20 달러 정도다.("사전 지식이 전혀 필요 없다.")
- 사업 유지를 위해 시간이 아무리 많이 들더라도 당신을 교육시키고 조언을 해주는 전문 컨설턴트를 무료로 제공한다.

"이게 모두 사실이라면 해 볼 의향이 있느냐고 물어 보십시오. 아마 십중팔구는 이런 대답이 돌아올 것입니다. '물론 하지요. 그러나 어딘가 함정이 있는 것 같은데요.'" 이 때는 이 사업이 위에서 말한 모든 도움을 제공한다고 말하라. 그러면 ABC 단계의 A과정을 마친 셈이다. 네트워크 마케팅은 다른 사업을 시작하는 것보다 훨씬 쉽다는 것을 프로스펙트에게 말해 준 것이다.

B단계는 이보다 좀 더 힘들다. 이번에는 프로스펙트에게 네트워

크 마케팅이 합법적이라는 확신을 갖게 해야 한다.

이 때 네트워크 마케팅을 열렬히 옹호하며 언론을 맹렬히 비난하는 과오를 범하는 디스트리뷰터가 많다. 이것은 소뿔을 바로 잡으려다 소를 죽이는 꼴이 된다. 프로스펙트는 기성 체제와 싸우기를 원하지 않는다. 이런 식으로 이야기를 계속하면 아마 관심을 잃게 될 것이다.

프로스펙트가 "불법 피라미드 사기 말입니까?"라고 반문한다면 대부분의 경우 당신이 말하는 사업이 합법적이라는 확답을 받고 싶어서 그런 질문을 한다는 것을 알아야 한다. 이에 대한 가장 빠르고 좋은 방법은 다음과 같다.

(1) 과거에는 네트워크 마케팅의 피해가 많았다는 것을 인정한다. 마치 프랜차이징 부동산업, 증권 투기, 그밖의 여러 사업이 다 그랬던 것과 같다.

(2) 네트워크 마케팅은 이제 60년의 연륜을 쌓았다. 사업 발전의 제3 단계에 있으며 코카콜라, 질레트, 콜게이트-팜올리브, MCI와 같은 대기업도 사용하고 있다.

C단계가 가장 쉽다. 당신 제품과 사업을 팔기만 하면 된다. 업라인 스폰서가 권하는 설명 기법을 사용하면 된다.

제3 단계: 반대에 대해 대응하라

ABC단계로 설명을 하고 있을 때 프로스펙트가 질문을 하면 적어 두었다가 나중에 대답해 주도록 하라.

"전체적인 요점만 우선 말씀드리겠습니다. 제 말을 다 들어 보시면 질문에 대한 대답이 되는 부분도 있을 겁니다."

"프로스펙트가 반대하는 말의 90~95%는 아마 디스트리뷰터가 수 백번, 아니 수 천번 대답한 말일 것이다."

이렇게 흔히 듣게 되는 반대 의견에 자동적으로 대답하려면 ABC 기법이 안성맞춤이다. 그러나 프로스펙트는 아직도 법적 문제에 대한 궁금증이 좀 남아 있을 지도 모른다. 이 때가 바로 당신이 약속을 지켜야 할 때다. 칼렌치는 반대 의견을 처리하는 6가지 방법을 권하고 있다.

칼렌치에 의하면 반대하는 말을 처리하는 첫 단계 방법은 귀를 기울이라는 것이다. 반대하는 말을 끝까지 잘 들으라. 중간에 끼어들지 말라. 얘기를 끊지 말라. 프로스펙트의 말이 끝나기 전에 무슨 말을 하는 지 다 알고 있다는 듯한 표정을 짓지 말라.

두번째는 반대하는 말을 묻는 말로 바꾸어 보라. 반대는 대부분의 경우 당장 결정을 내리지 않으려는 지연작전이거나 물어보고 싶은 말을 그렇게 표현한다는 것이다.

프로스펙트가 이미 ABC 과정을 통해서 설명을 잘 했는데도 다시 그 문제를 들고 나서는 경우가 많다. 이럴 때 짜증을 내서는 안된다. "이미 말씀드린대로........"라고 하지 말라. 이렇게 말하면 프로스펙트는 모욕을 당했다고 생각한다.

셋째, 프로스펙트가 반대의 말을 하면 자기 마음 속에서 그것을 의문형으로 고쳐 보라. 반대하는 말 끝에 "안 그래요?"라는 말을 붙여 보라고 칼렌치는 권한다.

예를 들면 프로스펙트가 "아, 그래요? 어디서 들은 적이 있는 피라미드 상법 같군요."라고 말한다면 그말에 안 그래요? 라는 말을 붙여서 들으라. 그렇게 보면 그게 합법적인 사업이냐고 물어 보고 있다는 것을 깨닫게 된다. 이것은 참으로 중요하고 또 물어볼 만한 질문이다.

프로스펙트가 "나는 시간이 없어 못하겠어요."라고 말한다면 이 말에도 안 그래요? 라는 말을 붙여 보라. 그 사람은 시간이 별로 없는데도 이 사업을 할 수 있느냐고 묻고 있다는 것을 알게 된다.

넷째, 이제 프로스펙트가 반대하는 진의를 깨닫게 되었으니 참 좋은 질문을 했다고 추켜줘야 한다. 이럴 때 쓰는 좋은 말은 이것이다. "무슨 말씀인지 잘 알겠습니다." 하고 말을 일단 중단하라.

절대로 "그러나,"란 말을 하지말라. "무슨 말씀인지 잘 알겠습니다. 그러나....."라고 말한다면. "무슨 말을 하는지 전혀 모르겠습니다." 라는 것과 똑 같은 것이다.

또한 객관적인 사실을 들어가며 반대 의견을 봉쇄시켜서는 절대 안된다고 칼렌치는 말한다.

다섯째, 이미 ABC 단계를 통해서 프로스펙트는 사업에 관하여 대부분 다 알고 있다. 그가 진정으로 원하는 것은 당신이 격려를 하고 자신감을 불러 일으켜 주는 일이다. 가장 좋은 방법은 자기, 또는 잘 아는 사람의 경험담을 얘기해 주는 것이다.

예를 들면 프로스펙트가 "나는 천성이 세일즈에 맞지 않습니다." 라고 말했다고 하자. 이럴 때는 나도 처음 네트워크 마케팅을 시작할 때 그렇게 불안했다고 얘기해 준다. 물건 파는 솜씨가 서툴러서 당황했던 우스운 일화를 얘기해 주라.

그리고 나서 업라인 스폰서와 자기 회사의 시스템 도움을 받아, 서툰 세일즈 솜씨에도 불구하고 이렇게 성공했으며 당신도 그렇게 할 수 있다고 말해줘라.

자신도 일을 제대로 못하고 실수를 한다고 말하여 그 사람이 친근감을 느끼게 하라. 이런 얘기를 들으면 그 사람도 안심을 하게 된다.

다음에는 그 내용을 마음 속에 받아들이게 해야 한다. 이렇게 물어 보라. "무슨 얘긴지 아시겠지요?, 당신도 이렇게 할 수 있답니다. 이제 안심하시겠지요?"

여섯째, 반대에 대응하는 마지막 단계는 대안을 제시하는 것이다. 이 단계에서도 아직 자신이 없는 프로스펙트에게는 어떤 대안을 제시해야 한다. 시간이 없어서 사업을 못한다고 말할 경우 "이 제품을 딱 2주만 쓰고 어떤가 보십시오." 라고 말해보라. 아무리 반대를 하더라도 타협안으로 어떤 대안을 언제나 제시할 수 있는 법이다.

제4 단계: 당근과 채찍의 병용

고통과 즐거움을 함께 주라. 심리학자에 의하면 즐거움을 구하려는 욕망보다 고통에 대한 공포가 더 설득력이 있다고 말한다. 어떤 일을 하고 싶은 마음을 불러 일으키는 데는 고통과 즐거움을 함께 주는 것이 가장 효과적이다. 네트워크 마케팅을 지금 시작하지 않으면 일생 동안 후회하리라고 생각하게 하는 것이 프로스펙트의 마음을 바꿔놓는 가장 확실한 방법이다. 동시에 네트워크 마케팅 사업을 하면은 앞으로 여러가지 이득이 있다는 사실을 알려 앞서 한 말을 누그러뜨려라. 참으로 힘든 설득법이다. ABC 방법으로도 프로스펙트의 마음을 돌리지 못하면 이제 좀 충격적인 방법을 써야 한다.

죽기 전에 은퇴할 수 있겠는가

자기 다운라인에 참가시키는 자극제로 '마크 야넬'은 가끔 공포심을 이용한다. 많은 사람이 실직을 하고 있는 요즈음 같은 불황기에는 이런 방법이 특히 효과적이다. 이 방법은 일만 힘들고 보수가 적은 사람들에게도 사용할 수 있다.

야넬은 이런 식으로 사람들에게 접근한다. "죽기 전에 은퇴할 수 있겠습니까?" 대부분의 사람은 긴장한 얼굴로 난처한 듯이 당신을 흘겨본다. 이것이 당연한 반응이다. 그 다음에는 말을 바꾸어 물어본다.

"현재 수입으로 퇴직해도 좋을 만큼 충분한 돈을 모을 수가 있겠습니까? 아니면 죽을 때까지 일을 해야 합니까?" 이쯤되면 그들의 주의를 끌 수 있다.

현재의 3% 인플레가 계속된다면 지금 연수입 6만 달러를 받고 있는 35세의 남자는 퇴직시에 현재의 생활 수준을 유지할 수가 없다는 점을 지적하라. 왜냐하면 이 프로스펙트가 65세가 되면 현재 6만 달러치의 물건을 사려고 할 때, 그때는 15만 달러가 소요되기 때문이다.

야넬은 말한다. "5% 이자를 받는다면 3백만 달러의 저축이 있어야 합니다." 당신의 불쌍한 프로스펙트는 당장 오늘부터 매년 43,915.66달러를 저축해 나가야 한다. 그러나 이 사람이 1년에 6만 달러를 벌고 있다면 이 액수는 세금을 제한 순수입을 초과한 액수다. 누가 보더라도 불가능하다.

이때 그 위대한 질문을 터뜨리는 것이다."앞으로 30년 간에 걸쳐서 매년 10만 달러씩 순수입을 올릴 수가 있습니까?" 대부분의 경우 프로스펙트는 무어라고 대답해야 좋을 지를 모른다. 증권투자, 부동산 투기, 그밖에 지난 10년 동안 벼락부자가 될 수 있었던 몇 가지 수단은 다 사라져 버렸다. 대부분의 사람들에게 남아 있는 유일한 선택-- 그것은 네트워크 마케팅이다.

'시스템'을 통한 판매

고통을 주는 이야기는 이만 하고 이제는 즐거움을 주는 이야기를 해보자. 경험에 의하면 프로스펙트가 가장 듣기 좋아하는 말은 그 사업을 하기가 쉽다는 말이다. 거짓말 하지 않고 네트워크 마케팅은 다른 사업보다 훨씬 하기가 쉽다고 내세울 만한 이유가 얼마든지 있다.

네트워크 마케팅이 거저먹기라는 이야기는 절대로 하지 말라. 나중에 일이 잘 안되면 불만을 당신에게 퍼붓게 된다. 언제 어느 정도 돈이 들 것이고, 어느 정도 일을 해야 되며, 최고의 결과를 얻으려면 몇 년이 걸릴 지도 모른다는 것을 분명히 일러줘야 한다.

또한 그런데도 불구하고 여느 사업보다 성공하기가 훨씬 쉬운 여러가지 면이 있다는 것도 말해줘야 한다. 당신 회사의 교육 계획, 즉 간행물, 테이프, 비디오, 프로스펙트가 사는 지역에서 참가할 수 있는 연수 세미나 뿐만 아니라 제3 물결 시스템이 가지고 있는 장점을 잘 납득시켜야 한다.

제5 단계: 압력을 주지 말라

설명회에서는 압력을 주었다가 풀었다가 하는 미묘한 밸런스를 유지해야 한다. 압력을 풀어 주는 가장 좋은 방법은 언제나 출구는 마련되어 있다는 점을 알려주는 것이다.

이것은 저충격 판매라는 것을 언제나 잊어서는 안된다. 말 끝마다 "환불이 가능하다", "전혀 부담이 없다" 같은 충격 완화제를 자주 사용해야 된다.

프로스펙트가 압력에 대해 부정적인 반응을 일으킨다는 생각이 들면 이 사업을 풀타임으로 하지 말고 노력과 돈이 덜 드는 방법, 즉 파트타임으로 일할 수도 있다는 것을 말해주어라.

파트타임도 어렵다면 도매가로 물건을 사는 계약을 맺도록 하라. 개인적으로 사용하는 양만 팔아도 된다. 그리고 프로스펙트가 구입한 제품에 대해 반품과 환불이 가능하다는 것을 일러 주라.(대부분의 신용있는 회사는 다 이렇게 한다.)

제6 단계: 공동 작업을 하라

제3 물결 설득 방법 중에서 가장 강력한 무기는 아마 공동 작업일 것이다. 구성 분자나 요소가 함께 일을 하면 이 부분을 모두 합치는 것보다 더 큰 힘을 발휘한다. 한 사람 한 사람이 네트워크 마케팅의 구성 요소를 이루어 함께 일을 하면 사람들의 열기도 그만큼 더 증가한다.

위성회의와 전화회의도 공동작업을 활성화 한다. 이런 회의의 설득력은 눈에 보이지는 않지만 많은 청중들과 함께 보고 있다는 데서 생긴다. 프로스펙트 눈에 청중이 보이지는 않지만 함께 있다는 것을 알고 있다.

스피커폰 회의는 공동작업을 더욱 용이하게 한다. 다른 사람들도 함께 이 회의에 참가하고 있다는 것을 귀로 들을 수 있기 때문이다. 그러나 뭐니뭐니해도 공동작업을 하는 데 가장 위력을 발휘하는 것은 재래식 네트워크 마케팅 기법, 즉 실제로 얼굴을 맞대고 하는 회의다. 12명 정도의 사람이 참석하는 가정 모임이거나 수천 명이 참석하는 전국대회이건 실제 회의가 네트워크 마케팅의 가장 강력한 설득 방법이 된다. 업라인 리더가 될 생각이 있다면 실제 회의에 대한 전문가가 되어야 한다.

모임 계획

전통적인 네트워크 마케팅 회의는 수 백 명이 참석하는 강연회나 세미나 등이다. 이 회의는 경비가 많이 들고 준비하기도 힘들다. 조직이 제대로 갖추어지기 전에는 이런 행사는 업라인에게 맡겨라. 업라인은 돈도 있고 능력도 있고 일을 개최할 만한 경험도 충분히 있다. 경험이 없는 네트워크 사업가는 이런 회의를 개최하려다 돈만 많이 날리고 참가한 디스트리뷰터는 몇 명 안되는 꼴을 당하기 쉽다.

사업을 시작한 지 얼마 안되는 디스트리뷰터는 가정 모임부터 시작하라고 대부분의 네트워크 마케팅 교육가가 권하는 이유가 바로 이 때문이다. 샌디는 사업 설명회를 단계적으로 열라고 권한다.

가정 모임

대규모 행사와 같이 가정 모임도 제품, 사업 기회, 적극적인 디스트리뷰터의 간증, 가입 계약, 제품 판매를 하기 위해 개최한다. 새 디스트리뷰터에 대한 교육도 할 수 있다. 이런 리크루트가 회의 진행에도 도움이 되고 참가자와 대화도 나눌 수 있기 때문이다.

샌디는 말한다. "처음에는 호텔 모임보다 가정 모임에 참가하기가 더 쉽습니다. 거북스럽지 않고 돈도 들지 않으면서 더 친밀감을 느낄 수 있습니다. 처음부터 하루 종일 근무에 지친 몸으로 호텔 모임에 나가서 낯선 사람들과 만난다는 것은 네트워크 판매에서 힘주어 말하는 자유와 잘 어울리지 않는다고 하겠습니다."

가정 모임 하는 법

가정 모임이 판매 촉진에 유리한 것은 누구나 쉽게 열 수 있다는 점 때문이다. 모임에 참석한 사람들에게 이런 모임을 여는 것이 얼마나 쉽고 재미있는가를 알게 해야 한다. 참가자 자신도 이런 모임을 열 수 있다는 생각을 갖게 해야 된다는 것이다.

비싼 다과를 내놓지 말라. 화려한 실내 장식을 마련하느라 시간을 낭비하지 말라. 따뜻하고 편안한 분위기를 만드는 데 힘쓰라. 음악을 틀어 놓으라. 술은 내놓지 않는 것이 좋다.

"술대접을 안한다고 언짢아하는 사람은 없습니다. 그러나 술을 내놓으면 화를 내는 사람이 있습니다." -존 칼렌치.

참가자들 모두가 편안한 마음을 갖도록 배려하라.

전반부와 후반부

샌디는 모임을 전반부와 후반부로 나누어 개최한다. 전반부에는 제품과 회사 소개를 하고 후반부에는 사업에서 생기는 수입, 시장성 등을 이야기하고 사람들의 참가 의욕을 북돋아 주는 감동적인 증언을 들려 준다.

노동의 분배

자기 자신과 부담을 줄이기 위해 가정 모임을 다운라인 디스트리뷰터에게 진행하도록 하는 방법도 생각해볼 수 있다. 이 모임에서는 다운라인이 회의를 주제케 하여 당신을 소개하고 다운라인이나 당신의 설명을 듣게 한다.

"가정 모임에도 성과를 거두는 데 필요한 안내 책자, 제품, 그밖의 필요한 자료를 모두 가져와야 합니다." -샌디.

설명

설명하는 방식은 제품과 회사 그리고 참가한 사람들에 달려 있다. 다른 모든 분야가 그런 것처럼 이 경우에도 당신의 업라인에게 맡기는 것이 제일 좋다. 당신의 스폰서는 틀림없이 이런 설명회를 여러 번 해 보았을 것이다. 효과적인 설명회 준비를 이미 하고 있는 지도 모른다. 자기 방식을 새로 만들려고 하지 말라.

VCR을 사용하라

회사의 리크루팅용 비디오(CD)를 최대한 이용하라. 시청각적인 것을 좋아하는 사람들에게는 이 방법이 좋다. 설명하는 사람의 짐도 많이 덜어 준다. 고객이 도착하는 중에도 계속 틀어 놓아라.

마지막 손질

설명이 끝난 다음 주문을 받고 새 회원을 가입시키기 위한 시간을 남겨 두어야 한다. 다음 주의 모임 안내도 말하고 장소, 시간, 특별 초대 손님을 알리는 안내문을 돌리는 것도 좋다.

"특별 초대 손님으로는 그 제품을 사용하여 체중을 100 파운드 줄인 사람이거나 네트워크 마케팅으로 큰 돈을 번 사람을 초청하는 것이 좋다."

3×3

가정 모임을 통해 사업을 할 때에는 3×3 방식을 쓰라고 샌디는 권하고 있다. 모임의 주최자를 선정할 때는 언제나 두 사람씩 짝을 짓게 하라. 부부면 제일 좋다. 그러나 리크루트가 독신이면 팀을 이루게 짝을 맺어 준다. 그러면 그 한 쌍과 당신과 삼인조가 된다. 이런 방식은 당신의 노력에 지렛대를 사용하는 셈이 된다. 한 사람의 노력으로 3배의 효과를 거둘 수 있다.

모임의 주최자 3팀을 만들어 자기와 삼인조가 되어 따로따로 모임을 열도록 날짜를 잡아 보아라.

4주 교육

각 팀은 활동을 시작하기 전에 4주간의 훈련이 필요하다. 그리고 나서 매주 모임을 갖는다. 모임을 가진 다음 그 커플의 두 사람 중 누가 다음 모임에서 회의의 절반을 맡겠는가를 물어보라. 지원자에게 전반부를 맡게 하라. 전반부가 더 쉽기 때문이다. 당신은 후반부를 맡는다.

셋째 주에는 당신은 빠지고 그 두 사람이 전적으로 회의를 주재하게 한다. 전반부를 맡았던 사람은 후반부를 맡고 처음 하는 사람은 전반부를 맡게 한다.

4주째에는 참석만 하고 모든 일은 그 팀에게 맡기는 졸업하는 모임이다. 모임에 참석하여 격려하고 칭찬만 하면 된다.

모임의 여세

당신이 만들어 놓은 이 조직은 계속 3×3의 여세로 성장해 나간다. 3팀을 4주 훈련한 다음 다시 3팀을 만들라. 이 팀이 훈련을 마치면 당신 조직에서 가지를 쳐서 다른 모임을 또 만들어 나간다. 이 가지 친 팀은 독립해서 또 모임을 갖게 된다.

"이 사람들은 사업에 대해 설명하는 법, 삼자 전화하는 법, 경험담 얘기하는 법, 판매하는 법, 리크루트 하는 법, 스폰서 하는 법, 교육하는 법을 모두 배우게 됩니다", "이 방법은 20~30명, 때로는 50명을 확보할 수도 있습니다." 샌디에 의하면 다운라인에서 가지를 6개만 늘려나가도 당신의 모임에는 가속도가 붙는다고 한다. 이쯤되면 호텔 모임을 시도할 만하다.

큰 모임을 갖는 이유

호텔 모임을 우습게 보는 제3 물결 개척자들이 많다. 구시대 유물로 간주하고 있는 것이다. 요즈음 사람들은 회의에 참석할 시간이 없다고 생각한다. 카니발 같은 분위기, 부흥회와 같은 간증, 야단법석하는 모양 등을 달가워하지 않는다.

오늘날 최첨단 네트워크 마케팅 사업가들의 다수는 비디오, 전화회의, 위성방송 등을 끊임없이 사용하여 저충격 연막 뒤에 숨어서 일하는 것이 더 편하다고 생각한다.

대규모 호텔 모임이 갖는 위력은 초기의 뉴트릴라이트 때나 지금이나 같다. 호텔 모임에서 얻는 공동작용의 효과를 그대로 재현하는 다른 좋은 방법은 아직까지 아무도 생각해내지 못했다.

모임 전의 모임

첫인상이 가장 강한 법이다. 회의장에 도착하는 순간부터 손님은 모임에 대한 강한 인상을 받게 된다. 이 순간을 '모임 전의 모임' 이라고 부른다.

"회의장에 들어서자마자, 아 이런 모임이구나 하는 느낌을 갖게 됩니다."-샌디의 말. "화끈한 음악이 있고 아늑한 분위기에서 사람들이 서로 어울리고, 서로 환영하며, 음료와 의자를 권하고, 제품 전시장으로 안내해 주는 사람도 있습니다. 포스터와 풍선이 여기저기 보이고 웃음소리가 그치지 않습니다."

등록 테이블

손님들은 등록 테이블에서 첫인상을 받는다. 이 테이블은 회의실 문앞에 설치한다. 테이블은 깔끔한 테이블보로 덮고 그 위에 간단한 장식을 하는 것이 좋다. 회사에 대한 신문 보도가 최근 있었다면 그 기사를 오려서 확대하여 이젤에 걸어 놓도록 한다. 손님 전원에게 이 신문 기사의 사본과 그밖의 유인물을 나눠준다.

등록 테이블에는 명랑하고 활달한 직원들을 앉혀 놓는다. 그래야만 확실한 첫인상을 준다. 참석자 전원의 이름, 주소, 전화번호를 적고 색깔을 구분하여 명찰을 달아 준다. 이 색깔로 회사 관계자와 새로 온 손님을 구분할 수 있게 한다.

모임의 분위기

가정 모임과 마찬가지로, 손님이 도착하자마자 따분하게 느끼거나 관심 밖에 있다고 느끼지 않게 하라.

활기찬 음악을 틀어 놓아 사람들을 들뜨게 만들고 부산하게 움직이게 하라.

새로 온 손님은 한 사람도 빼놓지 말고 만나 보라. 명찰 색깔로 구분할 수 있다.

일선 디스트리뷰터들도 당신과 똑같이 하게 하라.

필요한 연락 사항은 즉시 전달하도록 해라.

다운라인 디스트리뷰터는 특별한 지시를 하지 않으면 사교 행사처럼, 아는 사람들과 어울리다 마는 경향이 있다. 모임이 진행되는 동안 업라인 리더들은 주위를 돌아다니며 다운라인들 끼리 웅성거리지 않고 손님들에게 주의를 기울이고 있는지 살펴 봐야 한다.

의자 트릭

또 한 가지 모임의 분위기에 중요한 영향을 주는 것은 계속해서 의자를 회의장에 옮겨 놓고 있다는 것을 손님들이 무의식중에 느끼게 하는 것이다.(전반부만이라도) 이렇게 하면 기대 이상으로 손님이 많이 오고 있다는 인상을 주게 된다. 예상 인원 수보다 의자를 더 적게 놓는 것이 회의 준비를 잘하는 것이다. 자리가 텅텅 비어 있으면 아주 좋지 않다. 그러나 참가자가 자꾸 불어나 의자를 계속 들여 놓느라 부산을 피우면 참가자에게 긍정적인 인상을 준다.

제품 전시

회의장 뒷면에서 하는 제품 전시에 많은 힘을 기울여야 한다. 제품이 간단히 시식할 수 있는 식품이라면 무료로 맛보게 한다. 사람들은 줄을 설 것이다. 제품 전시는 깊은 인상을 주어야 하며 재미있고 전문적이어야 한다. 궁색한 전시회는 하지 말라. 소도구, 차트, 그래프, 그밖의 회사 간행물로 가득 채우라.

제품과 사업 설명

맨 처음 등단하는 사람은 20~30분 정도 설명을 하되 이 사람이 수퍼스타여서는 안된다고 존 칼렌치는 말한다. 손님들은 자기와 관계를 맺을 만한 사람을 원하지, 억만장자의 이야기를 원하지 않는다. 어느 정도 사업에 성공한 신참 디스트리뷰터의 얘기를 듣게 하는 것이 좋다. 그리고 사업, 회사, 제품, 기회 등에 대한 설명을 약 45분 정도 한다. 이 증언에는 다음과 같은 물음에 대한 대답이 포함되어 있어야 한다.

- 이 사업은 간단한가?
- 사업이 재미있는가?
- 돈을 벌 수 있는가?
- 회사가 도와주는가?
- 지금이 시작할 적기인가?

가정 모임과 마찬가지로 설명이 끝난 다음 다운라인과 손님이 같이 어울려 이야기를 하는 시간을 갖는다.

스피커폰에 의한 특별 초대 손님

모임 도중에 스피커폰에 의한 특별 손님의 이야기를 들어 보는 것도 좋다. 이 방법으로 저명한 인사와 연관을 맺을 수가 있다. 이런 색다른 프로그램을 통해서 손님들은 관심을 더 끌게 된다.

"사람들 자존심을 만족시켜 줍니다. 지금 특별한 사람이 우리에게 이야기를 하고 권유하고 있구나." 라고

중단이 있어서는 안된다

끈기있게 꾸준히 지속하는 것이 중요하다.

"한 사람 차례가 끝나고 다음 사람 순서로 들어가는 중간에 어색한 시간이 있어서는 안된다." 특히 증언시 여러 사람이 연단에 올라갈 차례를 기다리고 있을 때 더 그렇다. "증언을 하는 사람은 연달아 쉬지않고 교대해야 하며 증언대에 오르는 사람의 흐름이 끊어지지 않게 교육을 시켜야 합니다. 너무 자세하게 얘기하지 말고 중요한 점을 2~3분 동안 강조하고 이것을 되풀이하는 것이 좋습니다."

숫자의 힘

네트워크 마케팅 사업가는 남의 돈 뿐만 아니라 "다른 사람의 시간, 재능, 기술"까지 이용한다. 뿐만 아니라 "다른 사람의 에너지, 교육, 열의(OPE)"까지도 아울러 사용한다. 한 마디로 다른 사람의 힘을 활용하는 사업이다.

이 사업은 다른 사람의 도움을 받는다. 모임에서 연달아 증언을 듣게 되면 한 사람 말을 듣는 것보다 훨씬 설득력이 있다. 사업을

혼자하는 것이 아니고 이미 가입한 사람들이 많다는 것을 프로스펙트에게 보여 주기 때문에 몇 배의 설득력이 있다. 새 프로스펙트를 만날 때마다 당신 배후에는 눈에 보이지 않는 수많은 원군이 있다는 것을 절감하게 된다.

제 3 부

기 회

8 장

제3 물결 스폰서링

"자신의 업라인에만 충실해야 합니다. 다른 리더들에게 눈을 돌리지 마십시오." "연소득 5만 달러를 올리기 전까지는 말입니다."-마크 야넬이 경고했다. 데니슨은 스폰서의 이 경고를 이해할 수 없었다. 왜 다른 리더들에게 눈을 돌리면 안된다는 걸까? 무엇이 그렇게 위험할까? 이해할 수 없었지만 데니슨은 스폰서의 충고를 그대로 따랐다. 몇 달이 지나서야 그 말에 담긴 뜻을 알게 되었다. 캘리포니아로 근무지를 옮기면서 업라인 스폰서와 수천 마일 멀리 떨어지게 되었다. 주변에는 낯선 사람들 뿐이었다. 그곳에서 처음 설명회에 나가본 그는 기가 막혔다. "디스트리뷰터 한 사람이 강연을 하고 있었는데, 그 사람은 이 사업에서 성공할 수 있는 유일한 방법은 계약할 때 1천 5백 달러에 상당하는 5개 세트를 꼭 팔아야 한다고 말했습니다."

데니슨이 야넬에게 배운 접근 방법은 전혀 달랐다. 그는 새 고객에게 백 5십 달러 정도 하는 기본형 세트 하나만 팔았을 뿐이었다.

"'맙소사, 내가 잘못하고 있었구나' 하는 생각이 갑자기 들더라고요."

그러나 그의 공포는 얼마 가지 않았다. 데니슨은 야넬의 방법이 콜로라도에서와 마찬가지로 캘리포니아에서도 잘 적용된다는 것을 알게 되었다. 주변 리더들의 경고에도 불구하고 데니슨의 사업은 계속 번창하였다. 데니슨은 이렇게 결론짓는다. "사람마다 제각기 사업하는 방식이 다르죠. 누구나 자기만의 생각이 있는 법입니다."

자신의 스폰서 시스템을 따른다

스폰서링은 학문이 아니라 기술이다. 누구에게나 항상 적용되는 단일한 공식이란 있을 수 없다. 그럼에도 불구하고 네트워크 마케팅 종사자들에 의한 60년 동안의 시행 착오 결과, 다음과 같은 틀림없는 원칙이 생겨났다.

어떤 경우에도 자기 스폰서가 취하는 방식을 따라야 한다는 것이다.

데니슨은 말한다. "처음 사업을 시작했을 때는 배우고 있는 단계이기 때문에 무언가 한 가지 방법만을 믿고 따르는 것이 편합니다." "다른 사람들의 교육용 매뉴얼을 읽어보거나 테이프를 들어보기 시작하게 되면 당황 하게 되고 이것도 저것도 잘못하고 있는 것이 아닌가 하는 생각이 듭니다. 자신을 평가하기 시작하는 거죠. 그때는 정말 어쩔줄 모르게 됩니다."

처음에는 스폰서의 방식대로 따르라. 실험은 배울 것 다 배우고 졸업한 다음에 하여도 늦지 않다.

야넬의 시스템에 따르면 네트워크 마케팅 사업을 통한 연소득이 5만 달러가 된 다음에 자신만의 방식을 생각할 수 있다는 것이다. "그 때쯤 되면, 자기가 하고 싶은 일을 할 수 있을 때죠." 데니슨의 말이다.

기존 시스템에 대한 신뢰

그렇지만 스폰서의 조언이 맞다는 것을 어떻게 알 수 있는가? 사실 알 수 없다는 것이 정확한 말이다. 그렇지만 그 시스템을 믿어야만 한다. 스폰서가 완전히 무능한 사람이었다면 그는 벌써 오래전에 도태당했을 것이다. 스폰서의 시스템이 최고가 아닐 지도 모른다. 그러나 현재 움직이고 있는 것이다. 비록 불완전한 점이 많다고 생각할 지라도 그것을 따르는 것이 자기만의 방법을 새로 개발해내려고 시간과 돈과 정력을 낭비하는 것보다 목표에 훨씬 빠르게 도달할 수 있다.

겸손의 위력

테리 힐이 남의 가르침을 받아들이게 되기까지는 자존심 상하는 일을 여러 번 감내해야 했다. 제록스사의 최고 판매원인 힐은 으리으리한 사무실과 최고급 식당에서 업무를 처리했다. 그래서 처음 마크 야넬을 만나러 갔을 때, 건네받은 주소가 별로 부유하지 않은 동네의 조그마한 가정집이라는 것을 알고 놀랄 수밖에 없었다. 힐은 차를 돌려 돌아갈 생각까지 했다. 사실, 그렇게 하지 않은 이유는 뒤쪽에 다른 차 한 대가 길을 막고 있었기 때문이었다. 결국은 들어가서 그를 만나보리라 마음 먹었다.

야넬은 빈털터리 목사였는데 목사 일로 생계 유지가 어렵자 네트워크 마케팅으로 발을 들여놓은 사람이었다. 그러나 힐은 그가 자기보다 네트워크 마케팅에 대해서 더 많이 알고 있다는 느낌이 들었다. 힐은 그의 제자가 되었다.

힐은 말한다. “네트워크 마케팅 세계에서는 누구나 맨 밑바닥에서부터 시작합니다. 자신이 아주 초라해지는 경험이죠." 힐은 이 사업을 시작한 후 처음 여섯 달이 "일생에서 가장 지겨운 때"였다고 말한다. 아무리 열심히 일해도, 제록스에서 받던 봉급에 비하면 턱없이 적은 수입이었다. 절망에 빠진 나머지 야넬을 찾아갔다. "도대체 뭐가 잘못된 거죠?" 라고 물었다. 야넬은 강압적인 판매 기술을 모두 버리라고 일러 주었다.

제록스에서 힐은 적극적으로 밀어붙여 계약을 받아내는 타입으로 잘 알려져 있었다. 값비싼 레이저 프린터 여러 대를 큰 회사에 납품하고 매건마다 수백만 달러를 받을 때에는 꼭 필요한 기술이었다. 그러나 네트워크 마케팅에서는 계약을 받아내도 즉 새로운 디스트리뷰터를 가입시켜도, 다음날이나 그 다음주에 그 사람이 그만두겠다고 하면 아무 소용이 없게 된다.

힐은 말한다. "사실 내가 팔고 있던 것은 생활 방식의 선택이었습니다. 아주 개인적인 일이죠. 상대방이 상품과 성공 가능성을 믿을 때에만 성사가 됩니다."

야넬의 접근 방법은 힐과 정반대였다. 그는 장래의 고객에게 아무런 압력도 가하지 않았고 매우 짧은 시간 얘기를 나누었다. 약속 장소에서 만나, 사업에 대해 45분간 얘기하고서 전화 번호를 남기고 떠났다. 다시 연락해오는 사람들은 바로 그가 원하는 사람들이었다.

요령을 터득하고 나자, 힐의 앞길은 환히 트였다. 일년 반이 지나자 그의 수입은 제록스사에서 벌던 것 이상이 되었다. 그녀와 남편은 백만장자가 되었다. 그리고 이 모든 것이 가능했던 것은 한 시골 목사의 조언을 따랐기 때문이었다.

스폰서링은 제3 물결의 진짜 작업

스폰서링이 네트워크 마케팅의 진짜 작업이다. 제3 물결의 시스템과 기술은 이미 오래 전에 인간 손으로 해오던 대부분의 기능을 대신 맡게 되었다. 회사 컴퓨터가 서류와 제품 주문을 처리해 주고 비디오와 원격 회의가 있으니 프로스펙팅도 별로 문제될게 없다. 그러면 무슨 일이 남겠는가?

"여러가지 도구와 기술이 할 일을 다 해주니 이 사업에서 가장 막연한 부분에 집중할 수밖에 없습니다. 그것은 바로 인간 관계입니다. 여러분이 해야 할 일은 다운라인들이 사업을 일구어 나가도록 도와주고 성장시키는 일입니다."-존 포그.

'턴키' 방식

네트워크 마케팅에서 성공하기 위해서는 타고난 교사요, 지도자여야 한다는 것일까? 부끄러움을 잘 타서 터놓고 이야기하지도 않는 성격이면 어떻게 하나? 자기 말을 하기보다 남의 말을 듣는 편이고 갖고 있는 지식에 대해 자신이 없다면 어떻게 하나? 자기 자신도 잘 안다고 할 수 없는데, 어떻게 남을 가르칠 수 있을까? 여기에서 다시 제3 물결이 등장한다.

전적으로 인간적인 영역인 이 마지막 단계에 있어서도, 제도와 기술의 발달에 힘입어 평균적인 디스트리뷰터는 누구나 배울 수 있는 능률적이고 단순화된 저충격 접근 방식이 마련되어 있다.

"네트워크 마케팅은 열쇠만 돌리면 모든 것이 가동되는 '턴키(turn-key)' 조작으로 이루어집니다. 새 디스트리뷰터가 들어와서 키를 돌립니다. 그리고는 바로 사업을 시작하게 됩니다."

업라인의 스폰서가 하는 일은 아주 간단히 말해서 다음의 두가지이다. 즉 설명회를 갖고 다운라인 디스트리뷰터들의 질문에 답하는 것이다. 제3 물결 시스템은 이 두 가지 일을 훨씬 하기 쉽게 만들어 놓았다.

“어느 정도 훈련을 받아야 하는 건 사실이지만 맥도널드 햄버거 사업을 하는 것과 비교하면 아무것도 아닙니다. 중복이 가능한 사업 시스템이기 때문에 김이 박에게 건네주면, 박이 또 이에게 건네주고, 이런 식으로 넘겨줄 수가 있습니다. 여러분이 힘써야 할 것은 이 사람들을 리더로 성장시키는 것이지 그들의 매니저가 되는 것이 아닙니다.” 포그의 말이다.

기성품 리더십

요컨대 제자들에게 지식을 전수해 주기 위해 현인(賢人)이 될 때까지 기다릴 필요는 없다. 제3 물결 조직 스폰서링이란, 단계별로 지금까지 배운 것을 그대로 다운라인에게 가르쳐 주면 된다. 포그가 지적하듯이 어떤 제품을 소매가에 판매하는 그 순간부터 스폰서링은 시작되는 것이다.

예를 들어 살 빼는 제품을 팔고 있다고 하자. 프로스펙트가 그 제품을 써보았더니 실제로 체중이 줄었다.

“직장 사람들이 살 빠진 것을 보고 무슨 말 안 하던가요?” 라고 물어본다. “그 제품에 대해서 얘기해 주셨나요?” 바로 이것이다. 첫번째 교훈이다. 이미 “5피트법”과 소매 판매를 통한 프로스펙팅의 기본 원리를 가르쳐주기 시작한 것이다.

가령 프로스펙트가 이미 그 제품을 원하는 사람을 대여섯 사람

확보해 놓았다고 하자. 대부분의 경우 그 프로스펙트는 이렇게 말할 것이다. "내가 그 사람들 이름을 드리겠으니 한번 물건을 팔아보십시오."

이것은 다음 단계의 스폰서링 작업에 들어가라는 신호다. "그거 잘 됐네요. 이 사람들을 소개해주셔서 고맙습니다. 그렇지만 이렇게 하면 어떨까요? 이 명단을 내게 주지 말고 직접 갖고 있으세요. 제품을 도매가에 구입하여 이 사람들에게 소매가로 팔고 남는 돈은 가지면 됩니다. 결과적으로 제품을 공짜로 얻게 되는 겁니다."

이것으로 두 번째 교훈이 전달되었다. 디스트리뷰터로 사업에 참여하는 것이 얼마나 쉬운 일인지 프로스펙트가 깨닫도록 도와준 것이다. 포그는 이 방법을 '뒤에서 밀어주기'라고 부른다. 자기도 모르는 사이에 그 사람은 당신의 다음 지시를 충실히 기다리게 된 것이다.

숙달의 원리

가입자는 반드시 한 단계를 완전히 숙달한 다음에 다음 단계로 인도해야 한다. 가령 그가 당신이 판매하는 영양제 상품의 50 달러어치만 매달 이용한다고 하자. 또 그가 자기가 아는 한두 사람에게 다시 50 달러치를 소매가에 팔았다고 하자. 그러면 한 달에 1백 달러가 된다. "한 달에 1백 달러씩 한두 달 동안 해보십시오. 그러면 그 단계는 숙달했다 해도 좋을 것입니다." 포그의 말이다.

이제 여러분의 가입자를 다음 단계로 이끌어야 한다. 스폰서가 될 수 있도록 가르쳐주는 일이다. 한 달에 1백 달러치를 판매하는 법은 다 알고 있다. 이젠 다른 사람을 같은 방식으로 가르치도록 한다. 그 때부터 그 가입자는 자신의 프론트라인을 구축하게 된다.

예를 들어 가입자가 다섯 명의 '프론트라인(직접 가입시킨 제1단계 디스트리뷰터)' 를 가입시켰다고 하자. 그러면 다섯 명 각각에게 매달 1백달러 상당의 제품을 팔도록 가르치는 것을 목표로 삼아야 한다. 이 목표를 달성하면 당신의 가입자 개인 판매량이 한 달에 6백 달러가 된다. 그렇게 두 달만 하면 그 단계에 숙달하게 된다.

이제는 가입자의 '프론트 라인' 다섯 명에게 똑같이 하도록 가르치면 된다. 그가 했던 방식대로 하면 되는 것이다.

그들은 자기가 1백 달러치 제품을 사용하고, 한달에 1백 달러치를 판매해줄 사람 다섯 명을 구한다. 이제 당신 가입자는 한 달에 6백 달러 실적을 올리는 사람 다섯 명을 거느리고 있다. 그러면 그의 개인 실적은 한 달에 3천 6백 달러가 된다. 이 단계를 두 달간 지속하면 사업의 원리가 숙달하게 된다. 이런 식으로 계속되는 것이다.

다섯 명의 리더

조직이 점점 커감에 따라, 파트 타임으로 일하는 사람, 도매로 제품을 사는 사람, 일하기 싫어하는 사람 등 다양한 분류의 사람들이 늘어갈 것이다. 그런 사람들에게 개의치 말라. 시간과 정력을 프론트라인 리더들, 즉 당신이 직접 가입시켜서 스폰서하고 있는 사람들에게 쏟으라.

여러분의 프론트라인에 몇 명까지 리더를 두는 것이 가장 적당한지는 보상 계획의 내용에 달려 있지만, 일반적으로 다섯 명이 효과적으로 스폰서할 수 있는 최대 수라는 것이 알려져 있다.

그 다섯 명이 또 각각 자기 밑에 다섯 명씩의 리더를 스폰서하여 숙달의 원리에 의해 훈련시키고 있다면, 여러분의 다운라인은 삽시간에 번져갈 것이다.

넓게 활동하라

네트워크 마케팅의 경험자들은 프론트라인이란 넓을수록 좋다고 한다. 처음 다섯 명의 리더들이 자리를 잡으면 프론트라인 리더를 계속 더 가입시켜야 한다.

여러분의 훈련생들이 몇 달이 지난 후에도 일들을 잘 하고 있을지 알 수 없기 때문이다. 어떤 사람은 처음엔 잘 나가다가도 나중에 끈기를 잃고 탈퇴하는 수도 있다. 다른 회사로 옮겨가는 사람도 있을 것이다. 또 어떤 사람은 뜻이 맞지 않아 다툴 수도 있고 개인적인 문제로 일이 처지는 사람도 있을 것이다.

훌륭한 리더 한 사람을 찾기 위해 수많은 사람 중에서 꼼꼼히 고르는 작업이 필요하다. 따분해 보일 지라도 이렇게 장기적인 과정을 따르는 것이 나중에 프론트라인 수가 줄어드는 위급한 상황이 발생한 다음 대처하려는 것보다 낫다.

30일마다 리더를 만들어낸다

노력을 가장 효과적으로 집중시키는 방법으로, 빅 앨은 한 번에 한 사람만을 훈련시킬 것을 권장한다. 그리고 30일마다 새로운 리더를 만들기 위한 훈련이 되어야 한다고 말한다.

자기 프론트라인 디스트리뷰터들 중 가장 유망한 사람 하나를 골라서 이런 제안을 해본다.

"리더가 되고 싶다면, 제가 적어도 한 달간 당신이 리더 수준에 도달할 때까지 풀타임으로 최선을 다해 도와줄 수 있습니다."

30일이면 당신 훈련생이 즉각 결과를 체험할 수 있도록 도와줄 수 있는 방법이 상당히 많다. 그 중 몇 가지 예를 들면 다음과 같다.

2대1 모임

우선 해야 할 일은 기회가 있을 때마다 2대1 모임을 많이 갖는 것이다. 30일 동안은 절대로 훈련생 혼자 판매 활동을 하게 하지 말라. 가망 고객을 혼자 대하게 하지 말고 항상 당신도 참가하는 3자 통화 또는 2대1 모임 자리에 데려오게 하라. 사업 전망을 예전에 당신 스폰서가 그런 자리에서 했던 것과 똑같은 식으로 설명해 주면 된다.

훈련생의 다운라인을 팽창시킨다

30일 동안 훈련생이 다운라인을 많이 확보하도록 도와준다. 다운라인이 점점 커가는 것을 보는 것처럼 훈련생의 입장에서 볼 때 신나고 의욕이 솟는 일은 없다.

새로운 리크루트의 훈련

훈련생의 새로운 가입자를 2대1 모임, 프로스펙팅 본보기, 가정 모임 등을 통해 도와준다.

자신의 업라인을 빌려준다

이틀 정도 시간을 내서 훈련생과, 당신의 스폰서, 당신 셋이서 풀타임으로 일하는 기회를 가져본다.

현찰이 주는 영향

"자기 목표 달성을 누가 도와주는 것처럼 의욕을 불러일으켜 주는 것은 없습니다." –빅 앨의 말.

여러 분야의 판매 전문가들은 오래전부터, 사람들의 관심을 끄는 가장 좋은 방법은 자기 방식대로 하면 돈을 더 벌 수 있다는 것을 보여주는 것임을 알고 있다.

암스트롱 윌리엄스는 낸시라는 이름의 디스트리뷰터가 있었다. 그는 "다이어트" 상품을 팔고 가입비 35 달러를 단 한 사람에게도 받아내질 못했다. 온갖 수를 다 써보았지만 소용이 없었다. 낙심하여 그만둘 참이었다.

이런 경우 낸시를 '문제 있는 사람' 으로 낙인찍고 그만두게 내버려 두는 스폰서가 많다. 시간과 정력을 더 확실한 다른 선수에게 쏟으려 할 것이다. 그러나 윌리엄스는 낸시를 믿었고, 그녀가 성공하길 바랬다.

윌리엄스는 말한다. "같이 해보자고 말했지요. 다시 한번 같이 해서 일을 성사시켜 보자고 말했습니다."

윌리엄스는 첫번째 방문에서 문제점을 발견했다. 사업 소개를 할 때 상대방의 눈을 보지 않고 얘기하는 것이었다.

"대부분의 사람은 상대가 자기 눈을 똑바로 보지 않으면 믿을 수 없는 사람이라고 생각한다."– 윌리엄스의 말.

물론 낸시는 누구에게나 믿을 수 있는 사람이었다. 그러나 수줍음을 많이 탔다. 윌리엄스는 그에게 상대방의 눈을 보며 말하는 것이 완전히 몸에 밸 때까지 연습을 시켰다. 그리고 열 군데를 함께 방문하여, 손수 낸시의 다운라인으로 열 사람을 가입시켜 주었다. 할 수 있다는 것을 낸시에게 확인시켜 주기 위해서였다.

낸시는 사업 요령을 터득하기 시작했다. 그리고 사업을 성공적으로 이끌어 윌리엄스의 다운라인에서 최고 실적을 올리게 되었다.

이처럼, 빅 앨의 30일 계획은 이 과정을 이수하는 모든 훈련생에게 틀림없이 돈을 벌게 해준다. 이걸 지켜본 프론트라인 디스트리뷰터들은 자기 차례가 빨리 돌아오기만을 손꼽아 기다리게 된다.

거꾸로 따져보기

일단 훈련생이 도달해야 할 목표를 정해 놓으면, 그 다음은 거꾸로 거슬러 올라가며 일할 것을 존 포그는 권한다.

가령 훈련생이 2년 안에 연소득 5만 달러를 벌기 원한다고 하자. 그러면 그것이 목표가 된다. 이제 그 시점에서 현재까지 거슬러 올라가며 보상 계획에 의거하여 현실적이라고 할 수 있는 기준을 차례로 설정해 놓는다.

예를 들어 훈련생의 첫해 목표인 연소득 2만 5천 달러를 달성하기 위해서는 열두 명의 독립 리더를 배출해내야 한다고 하자. 그러면 한 달에 한 명 꼴이 된다. 따라서 30일간의 집중 훈련 기간 중 목표는 한 명의 리더를 만들어내는 것이 된다.

헌신적인 리더

다운라인 회원이 모두 리더가 되어야 하는 것은 아니다. 그렇게 되지도 않는다. 그렇지만 헌신적으로 일하는 일꾼들이 없다면 사업은 항상 지지부진할 것이다.

다운라인 리더 한 사람이 건성으로 일하는 사람 열두 명의 판매 실적을 합한 것보다 수백배 실적을 올릴 수도 있다. 게다가 리더는 다운라인을 맡고 책임지는 사람이다. 사업을 성장시키기 위해 자기 시간과 돈을 많이 투자해 놓았기 때문에 다른 디스트리뷰터처럼 쉽게 배를 갈아타려고 하지 않는다.

다운라인을 스스로 돌아가게 한다

다운라인에 리더가 충분히 있게 되면, 사업을 그냥 놔 두어도 제 스스로 돌아갈 수 있다. 훈련받은 리더는 당신이 몇 주간 해외로 휴가를 가도 모임을 대신 챙겨주고 프로스펙팅도 활발히 하리라, 믿고 맡길 수 있다. 요컨대, 당신 밑에 있는 리더들의 수효와 질이 당신이 얻어낼 수 있는 자유 시간의 양과 직접적으로 관계가 있다.

3-30-300 원리

자유 시간을 뺏는 최대의 적은 아마 데이비드 롤러가 "3-30-300 원리"라고 부르는 현상일 것이다. 디스트리뷰터의 행동에 관한 이 보편적인 법칙에 따르면, 다운라인은 항상 끊임없는 관심을 가져주기를 요구하여 당신의 시간과 정력을 100 퍼센트 독점하려는 경향이 있으며, 이것은 조직원의 수가 3명이건, 30명이건, 혹은 3백명이건 마찬가지라는 것이다!

이 문제에 대해 정신을 차려 전략을 세우지 않는 한, 얼마 안 가 다운라인 노예가 되어 주인 어른 또는 마나님 한 명, 한 명의 온갖 시중을 드는 하녀로 전락할 것이다.

모든 사람의 비위를 다 맞춰줄 수는 없다. 어디에 시간을 투자해야 가장 좋을 지를 선택해야 한다.

노력의 우선 순위

성공하기 위한 가장 단순하면서도 강력한 기술은 다운라인 훈련생의 우선 순위를 정하는 것이다.

롤러는 개인적으로 스폰서하는 모든 디스트리뷰터의 이름과 전화 번호 목록을 만들어 놓을 것을 권하고 있다. 그 목록은 쉽게 수정할 수 있는 형태로 되어 있어야 한다. 예를 들면 연필로 적어 놓을 수도 있고, 포스트잇을 이용할 수도 있지만, 가장 좋은 방법은 컴퓨터나 워드 프로세서를 이용하는 것이다.

이제 목록의 이름들을 한 달 실적에 따라 가장 활동적인 디스트리뷰터부터 순서대로 정렬한다. 목록의 상위에 가까운 사람일수록 당신의 관심을 받을 가치가 있다. 매일 음성 우편함 메시지나 이메일을 보면서, 이 목록을 이용해 누구한테 회답을 해주고 누구한테 전화 통화를 얼마나 오랫동안 해줄 것인지를 결정한다.

목록은 적어도 한 달에 한 번 정도 갱신해야 한다.

정보를 줄 때는 짧게 한 번에

질문에 대답하는 일은 업라인 리더의 업무 중 가장 중요하면서도 많은 시간이 드는 일이다. 하지만, 답변의 상당 부분이 낭비되고 있는데, 그 이유는 답변이 너무 길고 복잡하기 때문이다.

질문한 사람은 답변을 한쪽 귀로 흘리고 며칠 뒤에 똑같은 질문을 다시 한다. 정보를 압축해서 한 번에 얘기해주는 법을 배워라.

답변을 될수 있는 한 간단 명료하게 할 수 있도록 하라. 게임이라고 생각해도 좋다. 전화가 오면, 가능한 한 짧은 시간에 질문을 처리하고 질문자가 전화를 끊게 만들어라. 경험이 쌓이게 되면 전화에 대한 답변으로 어느 정도 정보를 간략하게 압축해 주는 것이 효과적인지 스스로 알게 될 것이다.

그리고 초점에서 벗어난 질문을 경계하라. 만약 훈련생이 어떤 추상적인 주제로 당신을 유도하면 점잖게, 그러나 단호하게 실제 주제로 즉 다운라인으로부터 어떻게 하면 당장 실제적인 결과를 얻을 수 있을까라는 화제로 돌려 놓아야 한다.

교통 정리

다운라인이 커질수록 당신의 시간에 대해 점점 더 많은 요구를 하게 된다. 걸려오는 전화량이 갑자기 감당할 수 없을 정도로 넘어선다. 매달 디스트리뷰터의 목록을 뽑아보면 모르는 이름이 수두룩하다. 다른 주에 살고 있는 사람들이 스폰서해달라, 무엇을 가르쳐달라, 와서 모임을 대신 주재해 달라 등 숱한 요구를 해온다.

정신 못차리게 울려대는 전화벨 소리, 하던 일 중지하고 내 전화 좀 받아 달라는 낯선 사람들의 전화벨 소리 속에서, 당신의 전화는 오는 통화 가는 통화로 정보 체증에 걸리고 만다. 요컨대 정보의 흐름을 주체하지 못하게 되는 것이다.

제3 물결 기술은 이 교통 정리 문제에 있어서 몇 가지 놀라운 해결책을 제공해준다. 그중 가장 강력한 것 중 하나가 음성 우편이나 이메일이다. 아이디어를 잘 살리면 이 간단한 장치가 당신의 전화를 정체된 도로에서 초고속 정보 통신망으로 바꾸어 놓을 수 있다.

누가 주인인가?

누가 주인인가? 당신인가, 전화인가? 과거의 업라인 리더들은 전화가 올 때마다 마치 잘 훈련된 개가 주인의 명령을 받듯이 달려가서 전화를 받았다. 흔히 쓰이던 자동 응답기도 마치 정보 통제가 잘 되고 있는 듯한 착각을 주었을 뿐이다.

사실 자동 응답기를 갖추어 놓고도 전화가 오면 하던 일을 멈추고 누구한테 왔나 확인해 보곤 했다. 또 전화를 한 대여섯 대 가설해 두지 않은 한, 프론트라인 리더들과의 중요한 대화 중에 끊임없이 울려오는 신호음의 무단 폭격을 참고 견딜 수밖에 없었다. 물론 신호음을 그냥 무시하려면 그럴 수도 있다. 그렇지만 그랬다간 혹시 나를 성공의 길로 인도해줄 수 있는 큰 기회를 놓친 게 아닌가 하고 일생 동안 고민할지도 모른다.

음성 처리

반면 음성 우편은 모든 것을 완전히 당신 손 안에 있게 한다. 정보의 흐름을 마치 워드 프로세서 화면의 글자들을 다루듯이 정확하게 또 마음대로 다룰 수 있게 된다.

음성 우편은 밤낮으로 메시지를 받아들이고, 성가신 벨소리도 내지 않는다. 메시지가 아무리 길어도 관계 없다. 그리고 예를 들어 프론트라인 리더 한 사람과 전화로 두 시간짜리 교육을 하고 있는 동안에도 음성 우편함에는 당신에게 오는 메시지가 계속 기록되고 있다.

좋은 음성 우편 시스템은 특정 메시지의 보관과 삭제, 되감기와 빨리감기, 또 메시지의 처음 몇 초만 들려주는 빨리 찾기 등의 기능을 갖고 있다. 어떤 것은 컴퓨터 소프트웨어가 문외한에게 기본 사용법을 가르쳐주는 도움말 옵션과 비슷한 것도 갖추고 있다.

"예를 들어 어떤 사람이 내게 어떤 책을 교육에 이용했더니 아주 좋더라는 메시지를 남겼다고 합시다. 그러면 그 메시지만을 뽑아내서 리더 열 명에게 전달합니다. 그렇게 되면 그 사람들은 그 증언을 당사자의 말로 직접 들을 수 있으니 내가 사람마다 되풀이해서 들려줄 필요가 없는거죠." 존 맨의 말이다.

연락 시간대

음성 우편 이용자는 하루 일과를 계획하는 데 있어서 콩코드 통신의 글렌 데이빗슨이 '연락 시간대'라고 부르는 개념을 이용하는 것이 좋다. 연락 시간대는 전화로 사람들과 의사를 주고받는 데 할당하는 하루의 특정 시간이다.

음성 우편함의 메시지를 들어보고 그중 가장 중요하거나 긴급한 것에 회답을 한다. 그외의 시간에는 전화에 대해 전혀 생각도 하지 않는다. 당신은 모임, 브레인스토밍 회의(각자가 자유롭게 착상을 내놓는 회의법)등의 활동에 전념하고 음성 우편함에는 메시지가 차곡차곡 쌓이게 놔두면 된다.

다운라인 한 사람이 당신의 프론트라인 리더가 더 잘 답해줄 수 있는 문제에 대한 질문을 해오면, 버튼 하나만 누르면 적당한 사람한테 그 메시지를 보낼 수도 있다.

또 어떤 사람에게 받은 질문이 그렇다 아니다만으로 답할 수 있는 것이라면, 그 사람의 우편함에 전화를 하여 그냥 '예' 또는 '아니오' 대답만 하면 된다. 그 자리에서 끝없이 이어지는 토론에 붙들려 꼼짝달싹 못하게 되지 않을까 걱정할 필요가 없다.

테크노 인간 관계

음성 우편의 능력이 가장 크게 발휘될 수 있는 곳 중 하나는 '테크노 인간 관계', 즉 전자 매체가 없었더라면 존재할 수 없었을 개인간의 친분을 만드는 것이다.

네트워크 마케팅은 사람 대 사람의 사업이다. 성공의 열쇠는 사람들과 갖는 접촉의 양과 질에 달려 있다. 제3 물결 네트워크에서 음성 우편은 이 두 가지를 다 향상시켜 준다.

존 맨은 천부적인 첼로 연주자이자 작곡가였다. 하지만 그는 26세 때, 음악으로는 생계를 잇기가 어렵다는 결론을 내렸다.

"언젠가 내가 작곡한 음악을 녹음하고 내 일을 내 마음대로 할 수 있을 만한 경제적인 능력을 갖출 때까지 작곡을 그만두리라 맹세했습니다. 이제 나이 40에 그 목표를 이루게 되었습니다."

존 맨은 지금 다운라인을 만 2천 명 이상 거느리고 있다. 그는 자신의 이러한 성공과 자유에는 '테크노 인간 관계'가 큰 몫을 했다고 말한다. 천성적으로 무언가 만지작거리길 좋아한 그는 언제나 여러가지 물건과 장치에 흥미를 느꼈다고 한다.

"전문 음악인으로서, 난 여러가지 도구를 통한 새로운 의사 전달 방법을 많이 실험해보곤 했습니다. 기술의 도움으로 평범한 사람들이 비범한 일을 할 수 있다는 데 흥미를 느꼈습니다."

그러나 존 맨과 같이 첨단 기술에 밝은 사람도 스폰서로부터 음성 우편에 대해 설명을 처음 듣고는 어리둥절했다.

"도대체 무슨 얘기인지 이해가 안 갔습니다. 뭔지 가닥이 잡히지 않더군요." 대부분의 사람이 그러듯이, 맨도 음성 우편을 그저 기능이 추가된 자동 응답기 정도로 생각했다. 그러나 일단 쓰기 시작하니 이것은 완전히 새로운 세계였다.

미국 인디언의 어떤 부족에는 '발언봉' 이라는 것이 있어서 회의 중 이것을 주거니 받거니 한다. 누구든 이 봉을 들고 있는 사람은 방해 받지 않고 얘기할 수 있는 권한이 주어진다. 맨은 음성 우편을 '전자 발언봉' 이라고 부른다. 음성 우편을 처음 발명한 사람도 이것이 이토록 사람들의 의사 교환을 증진시킬 수 있으리라고는 예상하지 못했을 것이다.

다운라인의 누군가가 당신의 음성 우편함에 긴 메시지를 남겨 놓으면, 간섭하지 않고 끝까지 들어야 한다. 대화가 며칠간 이어질 수도 있다. 디스트리뷰터는 전화 한 통화로 자기가 생각하고 있는 것을 그대로 당신에게 알릴 수 있다. 전화했는데 통화중이라거나, 자동 응답기가 고장나 있다거나, "지금 통화 중입니다. 나중에 다시 전화 드릴께요"라는 짜증 섞인 목소리를 듣는 일도 없다.

음성 우편을 통해서 맨은 거의 모르는 사이인 자신의 세 단계 아래 디스트리뷰터이자 최고의 실적을 올리는 사람과, 테크노 인간관계를 맺을 수 있었다.

"우리는 음성 우편으로 메시지를 주고받기 시작했습니다. 여섯 달간 그렇게 메시지를 주고받다 보니, 점점 친하게 되었고 개인적인 이야기도 나누게 되었습니다. 옆자리에 탄 사람과 얘기하며 장거리 버스 여행을 하는 것과 같았습니다. 우리는 정말 서로를 잘 알게 되었습니다. 그는 지금 가장 친한 친구 중 한 사람입니다. 음성 우편으로 사귄 친구죠."

맨에 의하면 음성 우편은 다운라인을 '골고루 비옥하게' 만든다. 조직상 서로 멀리 떨어져 있는 디스트리뷰터들끼리 훈련 프로그램, 기술 혁신, 새로 나온 책과 테이프에 대한 정보를 나누고 멋진 성공담을 나누기도 한다.

"회사 구성원 간의 목적을 일치시키고 경험을 공유할 수 있게 되었습니다. 또한 이것은 판매고 증가로 직접 연결됩니다."

쌍방향 원탁 회의

맨은 음성 우편을 이용해 다운라인과 쌍방향 원탁 회의를 해보라고 권고한다. 어떤 중요한 문제에 대해 토론할 필요가 있다고 하자. 프론트라인 리더 여섯 명에게 음성 우편으로 문제를 자세히 얘기해주며 24시간 내에 회답을 요구하는 메시지를 보낸다.

3분 분량의 메시지라면 1 달러도 들지 않는다. 그들의 응답도 당신의 전화 요금에 합계 3, 4 달러 정도로 나올 것이다. 이틀 정도 이렇게 주고받는다 하더라도 회의에 드는 총비용은 10 달러를 넘지 않는다. 이것은 시간, 교통비, 숙박비 등 많은 부담이 되는 여느 모임이나 미팅에 비해 훨씬 비용이 적게 드는 것이다.

제3 물결 뉴스레터

업라인 리더들은 오래 전부터 경영의 도구로서 뉴스레터를 이용해왔다. 뉴스레터는 다운라인 디스트리뷰터들에게 회사 소식을 전해주고, 성공 수기를 실으며, 업라인 리더들에게 일선 디스트리뷰터들을 독려할 수 있는 칼럼을 제공해준다. 가망 고객에게 뉴스레터의 무료 구독이라는 보너스를 제공할 수도 있다.

하지만, 고품질 뉴스레터를 만들기란 어렵고 돈이 많이 드는 일이다. 식자와 인쇄 비용만으로도 대부분의 사람들에겐 넘지 못할 벽이 된다. 하물며 송료까지 생각하면 말할 것도 없다.

그러나 요즘은 많은 회사와 업라인 리더들이 자신의 다운라인에게 음성 우편 뉴스레터를 제공하고 있는 추세다. 한 달에 한 번 또는 두 번 다운라인에 최신 뉴스와 격려담이 우편함으로 전달된다. 이걸 전부 보내는 비용이 2 달러 정도밖에 들지 않는다.

물론 컴퓨터를 다룰 수 있는 사람은 같은 목적을 위해 이메일을 이용할 수도 있다.

존 맨은 자기 매킨토시 컴퓨터로 월간 뉴스레터를 찍어 다운라인의 엘리트 멤버 2백 명에게 팩스로 보냈다.

"그러면 그 2백 명의 리더들이 다시 자기 사람들에게 뉴스레터를 보냈죠. 뉴스레터는 도매 구입자들을 디스트리뷰터로 전환시킬 목적으로 만들었습니다. 효과가 있었죠. 뉴스레터를 정기적으로 보내기 시작한 지 두 달 후, 그룹의 실적이 30 퍼센트 정도 늘었습니다."

자동화 시대의 네트워크 사업가

존 맨은 PC를 네트워크 마케팅에 이용하는 일에 선구자다. 그는 회계 소프트웨어를 이용해 손익 계산을 한다. 통합 소프트웨어를 이용해 사람들 이름, 일일 계획표, 예상 고객 파일, 주소록 사이에서 손동작 하나로 왔다갔다 한다.

편지를 보낼 때도 수백 명, 때로는 수천 명의 디스트리뷰터 또는 프로스펙트에 맞추어 내용을 조금씩 다르게 하여 보낸다. 또 자기가 만들어 놓은 데이터베이스를 이용, 편지를 몇몇 특수 그룹에만 보낼 수가 있다. 예를 들어 지난 두 달 동안 제품을 재주문하지 않은 다운라인 멤버들에게만 보낸다거나 하는 식이다.

"광고를 하나 냈는데 60여 명에게 회답이 왔습니다. 이 60 명에게 모두 타이프된 개인 편지를 보냈습니다. 메일 머지' 기능으로 살짝 내용을 바꾸어 편지를 만들 수 있게 된 덕분이죠. 서식을 복사한 편지보다 비교할 수 없을 만큼 좋은 결과를 얻었습니다."

PC 이용의 확산

제3 물결 조직에 있어 컴퓨터 하드웨어가 있어야 할 장소는 물론 자기 집과 사무실이다. 디스트리뷰터들은 모뎀이나 디스크 드라이브를 가지고 씨름하느라 많은 시간을 허비하지 않는다.

컴퓨터 값이 점점 싸지고 이용법이 쉬워지면서 PC 혁명이 어느새 필연적으로 네트워크 마케팅계에 밀어닥쳤다. 많은 업라인 리더들이 PC를 나름대로 이용해서 자기 주임무 일을 하고 있다. 또한 제3 물결 리더들은 그 기술을 이용해서 훌륭한 리더들을 스폰서하고 훈련시킬 수 있는 더 좋은 방법을 계속해서 고안해 내고 있다.

PC 이용상의 격차는 급속히 좁아지고 있다. 제3 물결 회사들은 디스트리뷰터에게, 신속하면서도 정확하게 소프트웨어와 온라인 서비스를 제공하고 있다.

숙달의 의미

네트워크 마케팅에서 성공과 실패는 궁극적으로 자립 가능한 리더들을 길러낼 수 있는 능력에 달려 있다. 제3 물결 시대에 있어 그것은 자만심에 가득차고 능력이 뛰어난, 남과 타협하지 않는 기업가를 말하는 것이 아니다. 규칙을 잘 준수하는 지 머리 위에서 감시하지 않더라도 기존의 시스템을 잘 믿고 따르는 사람을 뜻한다.

네트워크 마케팅에서처럼 다음 격언이 잘 적용되는 분야도 없을 것이다. "남을 이끌기 위해서는 먼저 남을 따르는 법을 배워야 한다."

제3 물결 디스트리뷰터는 자기 자존심과 창의성을 누르고 표면상으로는 우스울 정도로 간단한 그 시스템에 전념해야 한다. 이것은 수십년 동안 시행착오를 거쳐서 만들어졌다는 것을 알아야 네트워크 마케팅의 대가가 될 수 있다. 회사의 기존 절차를 충실히 따르고 자기 방식을 새로 만들어 내서는 안된다는 것을 깨달아야 성공할 수 있다.

제 9 장

수입의 다섯 번째 흐름

하워드 솔로몬은 강타자였다. 네트워크 마케팅 업계가 급성장할 무렵 솔로몬은 수만명의 다운라인을 거느리는 최고 디스트리뷰터 중의 한 사람이었다. 돈이 쏟아져 들어 오는 동안에 솔로몬과 그의 아내는 전국을 비행기로 누비고 다니며 자기 성공담으로 사람들을 감동시켰다.

업계에 있는 대부분의 사람들은 솔로몬이 최고 네트워크 마케팅 사업가라고 생각했다. 그러나 솔로몬은 요즘 자기가 미처 생각 못한 심각한 맹점이 있다는 것을 깨닫게 되었다. 대부분의 네트워크 마케팅 사업가처럼 솔로몬은 네트워크 마케팅을 통해서 돈을 버는 방법은 4가지라고 생각했다. 즉 도매 판매 수수료, 소매 판매 수수료, 리베이트 그리고 상여금이다.

제3 물결 혁명은 5번째 수입의 흐름을 열어 놓았다. 아마 종래의 수입보다 훨씬 더 효과적인 방법으로 수입을 얻게 될 것이다.

물결을 타라

오늘날 네트워크 마케팅은 전세계 자본 시장에 눈에 보이지 않는 강력한 영향력을 발휘하고 있다. 제3 물결이 뿌리를 박고 성숙해져감에 따라 그 충격은 엄청나게 늘어 간다. 눈치빠른 투자가들은 급속히 성장하는 네트워크 마케팅의 물결을 타고 크게 돈을 벌고 있다. 직접 디스트리뷰터로 참여할 뿐만 아니라 증권 투자를 통해서도 돈을 번다.

영리한 투자가는 잔잔한 호수에 잔물결이 이는 것처럼 어떤 네트워크 마케팅 회사가 등장하여 큰 성공을 거두고 전세계의 자본시장에 연쇄적으로 영향력을 발휘하는 것을 빠르게 포착하여 어마어마한 돈을 번다.

하워드 솔로몬은 고생을 해서 이런 이치를 배웠다.

예감을 이용하라

'7년만의 외출' 이라는 제목의 영화가 있었는데, 하워드 솔로몬은 이것보다 더 억울한 일이 있었다. 7년 동안 예감이 있었다.

1980년대 중반 솔로몬은 조그마한 사업을 하고 있었다. 도난 경보 장치를 판매, 설치, 감시하는 회사였다. 사업이 잘 되어 살림도 여유가 있었다. 직원 수도 6명에서 12명을 오갔다. 그러나 마음속 깊이 매일 판에 박힌 일만 하고 있다는 생각이 들었다.

"유리 천정을 뚫고 하늘로 솟아 오를 수가 없었습니다. 우리 모두가 염원하는 그러나 붙잡기 어려운 삶의 질과 자유에 대한 꿈을 이룰 수가 없었습니다."

자기가 팔고 있는 제품이 너무 비싸다는 것이 문제임을 그는 알고 있었다. 회사에서 팔고 있는 무선 도난 경보 장치는 최첨단 제품이었다. 배선을 할 필요도 없었고 도둑이 문으로 들어 오기 전에 경보가 울리게 설계되었다. 나중에 울리면 그 때는 이미 늦는다. 이런 기술을 개발하는 데는 돈이 필요했다. 솔로몬의 경보 장치는 개당 2천 달러에서 3천 달러였다.

"일반 소비자는 쉽게 살 수 있는 물건이 아니었지요. 시장이 극히 제한되어 있었습니다. 어떤 회사가 비슷한 제품을 1천 달러 이하로 대량 생산해서 시장에 내놓으면 업계를 완전 독점할 수 있다는 생각이 들었습니다."

그러나 솔로몬은 자기가 그렇게 할 수 있다고 생각하지 않았다. 돈도 없고 노하우도 없었다. 그는 평범한 소기업인에 불과했다. 어깨를 으쓱하며 자신의 예감을 떨쳐버렸다.

독수리 눈으로 살펴 보라

네트워크 마케팅 사업가는 유별난 사람들이다. 벼랑 꼭대기 둥지에서 주변 땅을 살펴보는 독수리처럼 유리한 고지에서 유심히 주위를 살펴보면서 종전의 사업 세계에 숨겨져 있는 경향과 가능성을 재빨리 포착한다.

솔로몬은 네트워크 마케팅에 참여할 생각이 전혀 없었다. 대부분의 소기업 사업가처럼 그는 자기 사업을 못마땅하게 생각했다. 그런데 어느날 사업 동료가 찾아와 이런 도전을 했다.

"그 친구는 둘이서 각각 한 달 동안 번 돈을 책상 위에 놓아보자는 제안을 했지요. 만일 그의 돈 액수가 더 많으면 자기 이야기를 한 시간만 들어보라는 제안이었습니다."

솔로몬은 좋다고 했다. 약속한 한달 후 친구가 돈을 꺼내 보이자 그는 기가 질렸다.

"나의 자존심은 온데간데 없이 사라지고 친구의 말을 들어 보기로 했습니다."

그 친구는 정수기를 파는 디스트리뷰터였다. 솔로몬도 그날부터 그 회사의 디스트리뷰터가 되었다. 얼마되지 않아 최고 디스트리뷰터가 될 수 있었다. 그후 4년 동안 소기업 소유주는 꿈도 꾸지 못하는 호화로운 생활을 하였다. 경보 장치 회사를 미련없이 팔아버렸다. 솔로몬은 마침내 성공한 것이다.

그러나 옛날에 가졌던 예감이 수시로 떠올라 그를 괴롭혔다.

"아무나 손쉽게 구할 수 있는 도난 경보 장치를 언제 어느 기업이 만들어 낼까?" 여유가 생길 때마다 이걸 만들어 내면 돈을 얼마나 벌 수 있을까 곰곰히 생각하곤 했다.

솔로몬이 흔히 있는 소매업자였다면 이 모든 것이 부질없는 공상에 불과했을 것이다. 그러나 네트워크 마케팅 사업이 결국 그의 눈과 귀를 열리게 하여 자기 인생 최대의 기회를 붙잡게 만들었다.

복제의 마술

이 세상에는 솔로몬과 같이 꿈꾸는 사람으로 가득 차 있다. 수억달러짜리 아이디어는 있으나 실제로 이것을 실천에 옮기지 못하는 사람들. 일반 기업계에서는 이런 사람들이 무시당하고 버림받는다. 그러다가 어떤 부지런한 사람이 나타나 선수를 치게 된다.

추진력, 돈, 천재성, 그리고 좋은 기회가 적절히 혼연일체가 된 몇몇 사람만이 이 훌륭한 아이디어를 시장에 내놓게 된다. 꿈만 꾸는 사람들은 일생동안 "이렇게 하면 어떨까?"하다가 끝나 버린다.

남이 시장을 먼저 차지했다고 하더라도 하워드 솔로몬처럼 꿈을 갖고 있는 사람으로 하여금 그 꿈을 포기하지 않게 하는 것이 네트워크 마케팅이 가지고 있는 신비한 특징이다.

복제의 법칙은 한 사람의 꿈을 수많은 사람들과 나누어 갖게 한다.

호기를 포착하라

1992년 솔로몬에게 좋은 기회가 왔다. 어떤 네트워크 마케팅 사업가가 찾아와 자기 회사 이야기를 했다. 이미 네트워크 마케팅 디스트리뷰터로서 지위와 기반이 확보되어 있었기 때문에 새로 생긴 회사들이 가입 권유를 해도 응하지 않았었다. 그러나 이번은 달랐다. 그 회사에서 무선 경보기를 몇 백달러의 싼 값으로 팔고 있다는 말을 듣고 솔로몬은 놀랐다.

"그건 마치 전에 들어본 얘기 같았지요. 내가 여지껏 찾고 있던 모든 것이 거기 있었습니다."

한번 믿어보기로 하고 이 신출나기 회사에 참여하기로 했다.

"평생 최고의 사업을 결정 했습니다."

솔로몬은 이 제품에 익숙해 있어서 마음이 편했다.

"나는 이 제품에 대한 제작 기술과 소비자의 생각을 잘 알고 있었지요. 물론 시장성에 대해서도 잘 알고 있었습니다."

자기 혼자서라면 일생동안 이 예감만 안고 아무 것도 하지 못했을 것이다. 솔로몬은 이 분야에서 아주 작은 톱니바퀴에 불과했었다. 그러나 지금은 다국간 무역의 일인자가 되었다. 그의 다운라인은 현재 6만 명에 달한다.

솔로몬과 그 부인 마리는 이제 판매 활동뿐 아니라 회사의 전략 수립에도 전적으로 참여하고 있다.

"우리는 회사 발전에 크게 기여하면서, 이 회사에서 돈을 가장 많이 버는 사람 중의 하나가 되었습니다."

20/20 나중에야 깨달은 생각

이렇게 성공을 했는데도 솔로몬은 왜 서운해 하고 있는가? 다섯 번째 수입의 힘을 미처 몰랐기 때문이다. "내 눈이 멀었지요." 솔로몬은 인정한다. "나는 회사 사업에만 200% 매달렸습니다."

솔로몬이 미처 깨닫지 못한 것은 그 회사가 홍콩에 있는 별로 알려지지 않은 작은 제조회사에 엄청난 영향을 주었다는 사실이다.

홍콩에 있는 어플라이드사는 100% 하청 받은 제품을 생산하고 있었다. 이 회사는 여러 해 동안 인스트루먼츠나 IBM과 같은 다국적 기업에 계산기, 컴퓨터 부품, 장난감 등을 납품하고 있었다. 이들 대기업은 홍콩의 싼 인건비를 이용하고 있었던 것이다.

홍콩 증권 거래소에 상장되어 있는 이 회사의 주가는 단 몇 푼에 거래되고 있었다. 유심히 살펴보지 않고서는 태평양 연안 국가에 이런 회사가 있다는 것조차 알 수 없었다.

그러나 하청을 준 미국에 있는 무선경보기 회사가 이룩한 비약적인 성장 때문에 어플라이드사의 주가는 10배 이상으로 뛰었다.

솔로몬은 말한다. "나도 돈을 좀 벌기는 했지요. 그러나 되돌아보니 20/20밖에 안되더군요. 돈을 덜 투자한 것을 후회하고 있습니다. 과거로 다시 돌아간다면 집과 아이들과 개, 그밖에 모든 것을 투자해서라도 이 회사 주식을 살겁니다."

숨겨져 있는 관계를 찾아내라

최첨단 제3 물결 회사의 최고 경영자는 자본 시장에서 자금을 조달하는데, 큰 부담감을 느끼지 않는다는 것은 사실이지만, 그렇다고 네트워크 마케팅회사에서 앞을 다투어 주식을 공개하리라 기대하는 것은 아직 성급하다. 네트워크 마케팅회사는 전통적으로 증권 시장을 회피해 왔다. 부대비용이 적게 들고 현금 유통이 잘 되기 때문에 네트워크 마케팅은 주식을 자기들끼리 독점할 수가 있다.

제3 물결은 증권가에 간접적으로 영향을 준다. 제3 물결은 고객, 공급자, 사업자, 그리고 얼핏 봐서는 네트워크 마케팅과의 관계가 확실치 않은 모회사 이 모든 것이 얼키고 설켜 형성되어 있다.

어플라이드사가 주가를 10배로 올린 것처럼 네트워크 마케팅회사와 영구히 또는 일시적으로 연대를 맺어 자기 회사의 판매고를 급상승시키는 기업들이 앞으로 많이 늘어날 것이다. 눈에 잘 띄지 않는 이와 같은 관계를 잘 살펴보라. 놀랄 만한 사업 기회를 포착할 수 있다.

시장에 내는 속도

이와 같은 경험이 분명히 보여주는 것처럼 네트워크 마케팅이 제조 회사에 유리한 점은 제품을 이미 알려진 어떤 방법보다 빨리 시장에 낼 수 있다는 것이다. 이것이 하늘과 땅만큼의 차이를 가져오는 것이다.

앨리스와 잭트라우트는 "제품이 좋은 것보다 제품을 빨리 내놓는 것이 더 낫다"라고 말했다. 이른바 이 마케팅 법칙에 의하면 모든 제품의 판매 제1인자는 다른 사람보다 먼저 시장에 진출하는 사람이 될 가능성이 높다는 것이다. 나중에 온 경쟁자가 더 우수한 제품으로 시장에 진출한다 하더라도. 예를 들면 진통제 이브프로펜이 발명되자 아드빌, 누프린, 이어서 메디프렌 등의 상표가 차례대로 시장에 진출하였다. 지금 어느 제품이 제일 많이 팔리고 있을까? 51%의 시장을 점유하고 있는 아드빌이다.

이와 같은 이유로 시장에 누가 먼저 내느냐는 것이 장기적인 성공의 지표가 된다. 네트워크 마케팅이 이를 달성하는 데 가장 효과적인 방법이다.

유통 고속도로

네트워크 마케팅 산업은 훈련받은 디스트리뷰터로 형성된 기초 구조의 확립, 최첨단 정보 채널, 해외 시장 진출 태세 등을 갖춘 거대한 유통 고속도로로 급속히 변모해 가고 있다.

네트워크 마케팅 회사들은 MCI, 코카콜라, 파이어스톤 타이어, 시보레 자동차, 그밖의 일류 회사의 제품과 용역을 유통시켜 준다.

네트워크 마케팅 회사는 어떤 단일 회사의 제품만을 판매하기보다는 유통 고속도로 역할을 하고 있다. 날카로운 통찰력이 있는 투자가는 유통 고속도로에서 급격히 형성되는 유대 관계를 눈여겨봐야 한다.

완전한 타이밍의 기적

미국 실업계는 '사실상의 유한회사' 이야기로 떠들썩하다. 이 말을 〈비즈니스 위크〉는 "급속히 변하는 사업 기회를 신속하게 포착하기 위하여 결합한 일시적인 회사의 조직망..... 사업이 끝나면 해체해 버린다." 라고 정의를 내리고 있다.

네트워크 마케팅의 제휴가 바로 이것과 똑같은 방식이다. 네트워크 마케팅을 이용할 때는 영속적인 관계를 약속할 필요가 없다.

US 스프린트는 네트워크 마케팅회사와 제휴하여 큰 이득을 보았다. 네트워크 회사 판매원이 US 스프린트사의 장거리 서비스의 전국적인 네트워크 판매를 했다. 그 결과 이 신출나기 회사는 거대한 AT&T(미국 전신 전화회사) 시장 점유율의 상당한 부분을 빼앗아 버렸다.

그러나 급히 얻은 이 이득을 소화할 시간이 필요했다. US 스프린트는 맹렬한 성장의 한계점에 도달했다. 고객 서비스와 사업 갱신에 더 치중하지 않으면 안되었다. 처음 판매고를 올리려고 부산을 피우는 분위기는 US 스프린트사가 지향하는 한참 성장하고 있는 점잖은 회사라는 이미지와 잘 어울리지 않는 것 같았다.

US 스프린트사는 지금도 네트워크 마케팅회사를 통해 판매 활동을 하고 있다. 그러나 US 스프린트사는 종전의 직접판매방식에 의한 마케팅에 더 주력하고 있다.

강력한 보충역

제3 물결 디스트리뷰터의 우선 순위에 있어서 다섯 번째 수입의 흐름은 소매 판매나 리크루팅과 같은 네트워크 마케팅의 본령(本領)의 경쟁 상대나 대체 방법이 되어서는 안된다. 그럼에도 불구하고 이것은 네트워크 마케팅이 제공하는 본래의 사업 방식에 강력한 보충 역할을 한다.

21세기에도 모든 기업은 이 유통 고속도로와 나름대로의 공통영역을 찾고 있다. 이 공통영역이란 무엇인가? 대부분의 기업에 있어서 그것은 네트워크 마케팅 판매 방법이다.

옛날의 떠돌이 상인처럼 제3 물결 디스트리뷰터는 서로 물고 뜯는 대기업 사이를 자유자재로 드나들 것이다. 앞으로 21세기는 상품과 정보가 혈관 속을 흐르는 피처럼 자유롭게 유통되면서 더욱 더 크게 발달할 것이다.

이와 같은 유통에 마음대로 접근할 수 있는 것은 제3 물결 디스트리뷰터뿐이다. 제3 물결 디스트리뷰터는 독수리 둥지의 이로운 지점에서 사업 기회를 알려주는 이 제휴를 누구보다 먼저 눈치챌 수 있다.

별것아닌 행상인이 막후에서 경제계 운명을 좌지우지하는 거물 투자가가 된다. 네트워크 마케팅 사업가는 지금도 꾸준히, 열심히 일을 하면서 다섯 번째 수입의 흐름이라는 가장 강력한 잔류 이득을 통하여 소리없이 번성해나가고 있다.

제 10 장

제4의 물결, 그리고 그것을 넘어서

21세기 어느 해, 쇼핑은 모두 텔레스크린을 통해서 한다고 생각해보자. 생각할 수 있는 모든 제품과 용역을 전자 장치로 주문할 수 있다. 24시간 내에 모든 것이 자기 집에 다 배달된다. 아주 편리한 것 같다. 그러나 꼭 그렇지만도 않다.

텔레스크린을 켜고 커서를 식료품 아이콘으로 옮기자, 갑자기 바빌론의 공중정원같이 거대한 수퍼마켓 속을 헤매게 된다. 통로가 사통팔달이다. 선반마다 유전공학을 이용해서 재배한 식품의 영상이 어지럽게 움직이며 소비자를 유혹한다.

방사선을 쪼이며 수경재배한 봉지에 담은 콩이 당신의 망막에 플래시를 터뜨린다. 그리고 최면을 걸려는 듯한 목소리가 당신 뇌의 티타파 주파수에 일치시켜서 "이걸 사세요, 이걸 사세요." 속삭인다. 자기 의지와는 상관없이 그 물건을 잡으려고 하자, 갑자기 옆에서 자동소총 소리, 공습경보 사이렌 소리, 칠판을 손톱으로 긁는 소리같은 시끄러운 소리가 들려오면서 제정신으로 돌아온다.

"그런 말은 듣지 마세요." "그걸 사지 말고 이걸 사세요." 라는 소리가 들려온다.

제품부에는 거대한 오이 상자가 진열되어 있다. 이 오이가 지미 듀란트(코가 몹씨 큰 미국의 희극 배우) 식의 농담을 한다.

"나는 당신의 코가 아닙니다. 유전공학적으로 기른 오이입니다.-차차차."

무르익은 토마토가 음란하게 몸을 흔들면서 당신 귀 속에 노골적으로 '사랑해줘요' 라고 속삭이는 진열대를 얼굴을 붉히며 지나간다.

제품마다 손님을 끄는 독특한 방식이 있다. 그러나 이들의 목적은 딱 한 가지다. 당신의 커서가 그 위에 딱 멈추게 하는 것이다.

그러나 조심하라. 커서를 멈추기만 하면 그 손아귀에 들어가고 만다. 컴퓨터 스크린에는 그 제품에 관한 여러가지 다양한 프로그램이 한꺼번에 쏟아져 나온다. '소비자 증언', '소비자 불만과 소송 기록', '영양 정보', 심지어는 '명사의 증언' 등이 총천연색으로 스크린 위에 어지럽게 춤춘다. 플래시 라이트가 번쩍이고 심리적 저항을 중화시키기 위한 백색잡음(모든 가청 주파수를 같은 밀도에 포함시키는 잡음)을 주기적으로 들려준다. 한 마디로 말해 쇼핑은 악몽이라고 할 수 있다.

제3 물결의 해결법

이 공상 시나리오는 약간 과장된 것이다. 그러나 전혀 터무니없는 말은 아니다. 편리한 것은 틀림없지만, 전자식 쇼핑은 대부분 사람들에게 불안하고 껄끄러운 경험이다. 인간적인 요소가 가미된 제3 물결만이 미래 쇼핑의 공포를 덜어준다.

인간이 인간을 상대로 판매하는 것은 수천년 동안 계속해 왔고 네트워크 마케팅도 60년 동안 그것을 유지해 왔다. 그러나 오늘날처럼 이런 상법이 절실히 요구될 때는 없었다. 그 이유는 정보의 과부하(過負荷)다.

컴퓨터가 생활을 편리하게 한다고 생각된 때가 있었다. 서류가 없는 사무실을 꿈꾸었다. 회사 종업원들은 그 영리한 시스템이 일을 대신해 주기 때문에 하루 종일 빈둥거려도 된다는 그날을 상상했다. 계속해서 꿈을 꾸라.

컴퓨터는 오늘날 일을 더 복잡하게 만들고 종이를 더 필요하게 하고 혼란을 가져오고 작업량을 더 늘게 한다는 것을 모르는 사람이 없다.

정보 고속도로도 마찬가지다. 매일 처리해야 하는 엄청난 정보량 때문에 이미 숨이 막힐 지경이다. 쌍방향 텔레비전이 쇼핑센터를 대체하게 되자 정보의 과부하는 위기점에 도달했다. 사람들은 소비자용 컴퓨터 시뮤레이션의 덫에 걸렸다고 생각한다. 그리고 그것은 너무나 괴상 야릇하여 대부분의 대담한 구매자를 두려워하게 만들고 화도나게 하며 겁을 주기도 한다.

대대적인 인간의 간섭이 있어야만 이 위기 상황에서 구제될 수 있을 것이다.

당신의 카드 청구서가 잘못 되었다고 음성 우편 시스템과 30분 동안이나 입씨름을 하다가 진짜 산 사람 목소리가 전화에 들려 오면 얼마나 마음이 놓이겠는가. 데이타로 가득찬 21세기 밀림 속을 안전하게 인도해 주는 진짜 사람은 네트워크 마케팅 사업가들 뿐이다.

맥킬베인은 말한다. "우리는 새 통신 시대에 서 있습니다." 제너럴 푸즈, 켐벨 수프, 필립 모리슨, 나비스코 등과 같은 세계 유수의 기업도 미래에 대한 맥킬베인의 진단을 듣는다. 이들 회사마다 맥킬베인은 네트워크 마케팅을 권한다.

그는 말한다. "네트워크 마케팅은 미래의 대세입니다. 주요 기업은 이미 TV 네트워크가 4개가 아니라 이제 1백개가 넘는다는 사실을 받아 들이지 않을 수 없습니다. 예전에는 30초에서 60초 정도의 TV광고 밖에 하지 못하였지만, 지금은 제품 광고를 하는 데 하루 여섯 시간도 할 수 있다는 사실을 주시하고 있습니다. 바로 여기에 네트워크 마케팅의 활용 기회가 있는 것입니다. 네트워크 마케팅 사업을 하는 사람의 도움을 받지 않고서는 이와 같은 정보에 접근하기가 어렵기 때문입니다."

인간의 차이

21세기 어느 해의 환상적인 생활에 대한 이야기로 다시 돌아가자. 당신은 매일 네트워크 마케팅 사업가에 의존하고 있다. 이 사람들 없이는 하루하루 사는 것이 끔찍하다. 네트워크 마케팅 사업가 친구는 언제나 상품의 최상 선택에 대한 정보를 알고 있는 듯하다. 이 사람들은 다 잘 아는 사람들이고 이 제품을 직접 사용하고 있다는 것도 알고 있기 때문에 당신은 이 사람들 의견을 존중한다. 더욱 중요한 점은 이 사람들 의견을 받아 들이면 정보의 밀림 속에서 헤맬 필요가 없다는 것이다.

이웃에 사는 사람을 예로 들어 보자. 이 사람은 자동차 판매원이다. 이 사람이 얽히고 설킨 정보 광고망의 밀림을 헤쳐 당신을 인도 해준다. 쏟아져 나오는 수천의 자동차 모델 중에서 어떤 것을 택해야 할지를 알려 준다. 판매 전략인 그 자동차의 특징에 당신 주의를 집중시킨다. 어떤 자동차를 사겠다고 마음을 정하면 그 사람은 그 지방의 딜러에게 연락을 해서 독일이나 한국에서 수입한 최신 모델을 타고 당신 집 문 앞에까지 나타난다.

당신의 이웃이 컴퓨터 정보의 홍수가 가져오는 압력을 판매 전술로 쓰지 않는다는 것은 정말 놀라운 일이다. 그 사람은 충격 요법을 판매 전술로 사용하지 않는다. 신경 언어학적 프로그래밍도 안 쓴다.

당신의 행동을 면밀히 분석하지도 않고 당신의 호흡형을 결정하기 위해서 태양경을 들여다 보지도 않으며 당신의 성격이 시각형인가 감각형인가를 알아 내기 위해서 안구의 움직임을 조사하지도 않는다.

당신을 세뇌하거나 최면술을 걸거나 그 밖의 프로그램을 사용하려고 애쓰지도 않는다. 문제를 듣고 해결책을 제시만 하고 결정은 당신에게 맡긴다.

결국 인간처럼 대접 받은 것에 대해서 고맙게 생각하고 앞으로 차를 사더라도 다른 데에서 살 생각은 꿈에도 생각하지 않는다.

통제의 한계

기계 시대가 막을 올린 백여 년 전 사람들은 기계가 언젠가는 인류를 노예로 삼고 말 것이라고 걱정했다. 1920년대에 제작된 〈메트로폴리스〉라는 공상과학 영화는 얼굴도 없고 생명도 없는 로보트가 개미떼처럼 몰려 다니는 미래의 기계 도시를 그렸다.

이런 악몽과 같은 미래상이 거의 실현 단계에 있다. 이 영화에서 회사 경영자들은 노동자를 기계가 정한 작업의 속도를 따라야만 하는 조립 라인에 묶어 두고 '능률'을 강요한다.

건축가들은 대형 유리와 강철 상자 모양의 건물을 설계했다. 이와 같은 건물은 인간보다는 로보트가 사는 곳으로 적절하다.

기계 시대의 사고 방식의 저변에는 사람도 기계처럼 통제할 수 있다는 생각이 깔려 있다. 이와 같이 잘못된 생각의 흔적을 W. 에드워즈 데밍과 같은 경영학 권위자의 주장에서 찾아 볼 수 있다. 데밍은 근로자들의 작업 능력을 자세히 통계적으로 측량해야 된다고 주장한다. 컴퓨터 사용자를 실제로 감시하고 근무를 태만히 할 때마다 보고를 하는 새로운 소프트웨어의 확산에서 이러한 경향을 살필 수 있다.

그러나 이 모든 것은 끝나가고 있다. 21세기에는 직장 안의 남녀 근로자의 정신적, 도덕적, 사회적 결합에 대해 기계적 합리성은 부차적인 역할밖에 하지 못할 것이라고 전문가들은 보고 있다.

"합리성으로 근로자를 지배하려는 회사의 전술은 한계에 도달하였다."라는 책을 쓴 경영학 교수 니콜 비가트가 말한다.

"근로자들이 자신을 회사라는 기계 속의 톱니바퀴처럼 느끼게 되면 소외감, 허탈감, 상습 결근, 생산력 저하, 사보타지 등의 병리현상이 나타날 것은 불보듯 뻔하다."

사업을 하는데 이보다 '덜 합리적인' 네트워크 마케팅이 미래의 경영 방식 도래를 알리고 있다고 니콜 비가트는 믿고 있다. 네트워크 마케팅은 인간 관리를 개인에게 되돌려준다. 기계가 사람을 섬기게 하고 사람이 기계를 섬기지 않게 만든다.

불간섭의 혁명

네트워크 마케팅은 저기술(低技術) 사업이 아니다. 그 반대로 이용할 수 있는 최첨단 기술에 의존하고 있다. 그러나 이 기술을 이용하여 사업을 더 복잡하게 만들지 않고 더 간소화시키고 있다.

예를 들면 톰과 테리 힐 부부는 전화 한 대와 인덱스 카드 한 세트만 가지고 전세계에 퍼져 있는 5천명이 넘는 다운라인 디스트리뷰터를 관리하고 있다.

힐 부부와 같은 사람들이 개인용 컴퓨터를 전혀 사용하지 않고 있는 것은 회사에 충분한 컴퓨터 시설을 갖추어 놓고 있기 때문이다. 힐 부부가 다운라인에 있는 사람 명단을 알고 싶으면 본사 회원 정보과에 전화를 걸어 최근의 컴퓨터 프린트 아웃을 요청하기만 하면 된다. 판매량과 수수료에 대한 최근 현황도 같은 방법으로 얻을 수 있다.

다운라인에게 어떤 통지를 보내려면 별개의 전화번호를 돌려 메시지를 말한 다음 전화번호 판의 부호를 누르기만 하면 된다. 그러면 이 메시지가 즉시 디스트리뷰터의 음성 우편함에 전달된다. 물론 어느 특정인 한 사람에게 보낼 수도 있고 여러 사람에게 동시에 보낼 수도 있다. 마찬가지로 힐 부부는 주기적으로 음성 우편함을 살펴 보고 업라인 다운라인 또는 본사로부터 메시시가 왔는 지 확인한다.

"어떤 프로스펙트에게 정보를 전할 때는 본사가 이미 만들어 놓은 비디오나 오디오 테이프 또는 인쇄물을 보냅니다. 그 사람 주소를 포스트 잇에 써서 그 위에 붙이면 됩니다." -톰 힐의 말.

제4 물결: 네트워크 마케팅 사업가의 나라

지금의 추세가 계속된다면 네트워크 마케팅 사업을 하기가 쉬워져서 누구든 어디서나 어느 때나 이것을 할 수 있게 된다. 이 나라는 파트타임 판매원이 제품을 아는 사람에게 권했을 때마다 후속 수입이 생기는 네트워크 마케팅 사업가의 나라가 될 것이다.

다시 한번 지금이 21세기 어느 해라고 상상해 보자. 전국민이 네트워크 마케팅에 참가했고 당신 혼자만 참가하지 않았다. 이웃에 사는 사람은 다 이 사업을 하고 있다. 친구도 친척도 직장 동료도 다 하고 있다. 그러나 당신만 고집을 부리고 이 사업을 안한다.

당신 회사 사장도 네트워크 마케팅을 하고 있다. 그는 캘리포니아주 북부 숲속에 살고 있고 당신은 콜로라도주의 텔룰라이드에 살고 있다. 그러나 사장하고는 1주일에 두세 번씩 영상 회의를 한다.

회의가 끝날 무렵 사장은 "자네, 다이어트 젤 먹어 봤나?" 라고 묻는다. "굉장하더군. 굉장해. 그걸 먹고 지난주에 체중을 15파운드나 줄였어. 우주 비행사가 처음으로 화성에 도착했을 때 바로 이것을 먹었다더군."

"저는 지금 체중을 줄일 생각이 없어요 사장님."

"그래? 언젠가는 자네도 먹을 생각이 들거야. 가끔 얘기 해 줄께. 내 ID 번호를 자네 다이어트 젤 프로그램에 입력시켜도 괜찮겠지?"

이렇게 되면 다음 번에 대화형 수퍼마켓에서 당신이 다이어트 젤을 사면 사장은 자동적으로 구매 수수료를 받게 된다. 사장과 그런 전화 통화를 한 지 10년이 지났다 하더라도....

"그런데 말야, 자네 요즘 새로 개봉된 영화 '반테러 복수자' 를 봤는가? 굉장한 영화야. 마약 갱들이 가방에 든 중성자 폭탄으로 맨하탄을 싹 쓸어버린다고 하자, ATA 반이 계엄을 선포하고 수백만명의 피의자를 미국 전역에 있는 수용소에 가두어 복수를 하는 거지."

"글쎄요, 사장님. 마치 실제로 일어난 일 같군요. 저는 그런 것이 싫어서 이 로키 산맥 속에서 살고 있지요."

"마음이 바뀌면 내 ID 번호를..."

"전 상관없으니 좋을 대로 하시죠, 사장님. ID 번호를 프로그램에 입력하세요."

이런 식으로 세월이 흘러 간다. 자기 집 쇼핑 프로그램에 수없이 많은 사람들의 ID 번호가 여러가지 제품과 용역에 입력되어 있어 이런 것을 구매하는 경우 누가 돈을 벌게 되는 지를 전혀 모르게 되는 경우가 허다하다. 나는 상관없다고 되풀이해서 다짐한다. 그러나 외톨이가 되었다는 생각은 지울 수가 없다.

당신이 아는 모든 사람이 친구나 이웃 사람에게 제품이나 용역을 권유할 때마다 컴퓨터로 처리한 수수료를 받게 된다는 사실이 늘 머리에서 떠나지 않는다. 게다가 이 사람들은 모두 제품이나 용역을 살 때마다 30%나 되는 도매 할인을 받을 수도 있다. 물건을 직접 사거나 소매가로 값을 치르고 있는 사람은 전국에 나 혼자뿐이 아닌가 하는 생각이 들게 된다.

"80년대와 90년대에 걸쳐서 뉴스 앵커로 유명한 나이가 지긋한 여자 아나운서는 TV 토크쇼에서 이렇게 불만을 털어 놓는다.

"나는 네트워크 마케팅을 하지 말라고 20년 동안이나 경고를 했습니다. 왜 사람들이 여기에 빠져드는 지 모르겠습니다."

"그 말이 맞아." 두툼한 의자에 앉아서 당신은 맞장구를 친다.

"그렇고 말고. 절대로 굴복하지 않을거야. 절대로, 절대로 네트워크 마케팅에 참여하지 않을거야."

그러나 가슴 속 깊이 그건 다만 시간 문제에 불과하다는 생각이 든다……

눈 앞에 다가오고 있다

지금까지 말한 미래상의 시나리오는 생각하고 있는 것보다 더 가까이 다가오고 있는 지도 모른다.

다른 모든 분야에서도 그렇지만, 네트워크 마케팅회사들은 제3 물결 기술 분야를 개척해 왔다.

드롭시핑(Drop Shipping: 네트워크 마케팅 본사가 디스트리뷰터로부터 수신자부담 전화로 주문을 직접 받아 제품을 직송하는 방식)을 통해서 소비자는 카탈로그를 보고 수신자 부담 전화로 제품을 주문한다. 전화 교환원은 카탈로그에 있는 디스트리뷰터 고유 번호를 물어 본다. 이 번호는 카탈로그를 소비자에게 전해 준 디스트리뷰터의 고유 번호다. 이 번호를 통해서 디스트리뷰터는 소비자가 주문한 제품의 수수료를 받는다. 디스트리뷰터 고유 번호 없이는 교환원이 주문을 받지 않는다.

"주문이 입력된 몇 시간 후면 제품은 트럭에 실려 주문자에게 달려갑니다."

힐은 월말이 되어 컴퓨터 프린트아웃과 수수료를 받아보고 나서야 그 제품에 대한 주문이 있었다는 것을 알게 된다. "나는 이 사람들에게 전화를 걸어 인사만 하면 됩니다."

맥킬베인은 이와 같은 드롭시핑 프로그램이 제4 물결로 가는 중요한 단계가 된다고 보고 있다.

"분위기가 갑자기 바뀌어가고 있습니다. 디스트리뷰터들은 내가 집에서 모임을 가질 필요도 없고 집집마다 찾아다닐 필요도 없다는 것을 알게 되었습니다. 전화 통화만 하고 주문만 하면 됩니다." –맥킬베인의 말.

힐은 말한다. "쌍방향 TV 서비스가 시작되면 레이저 디스크에 실린 카탈로그를 고객에게 보내줍니다. 고객은 이 디스크를 플레이어에 넣고 제품의 설명을 듣기만 하면 됩니다. 그리고 제품을 사고 싶은 사람은 리모트 콘트롤만 조작하면 됩니다. 이 레이저 디스크에는 당신의 고유 번호가 실려 있어 제품을 판매하면 이에 대한 대가를 받게 됩니다."

유리한 고지를 차지하라

앞으로 몇 년 후에는 언론의 네트워크 마케팅에 대한 비난 기사는 옛날 살렘에 있었던 마녀 재판처럼 들릴 것이다.

네트워크 마케팅이 사회 모든 분야에 널리 퍼져서 이것을 산업의 한 형태만으로 말할 수도 없게 된다. 모든 산업이 사용하는 표준적인 도구가 될 것이다.

선견지명이 있는 사람은 당장 이 새로운 사업의 유리한 고지를 차지한다. 이 사업의 기본 원리를 익힐 때가 바로 지금이다.

당신의 네트워크를 구축할 때가 바로 지금이다. 준비 하라. 얼마 안 가 친구, 친척, 그리고 동료들이 떼를 지어 당신에게 찾아와 21세기 데이터의 밀림 속을 헤쳐 나갈 수 있도록 안내를 해 달라고 사정할 때가 올 것이다.

제 11 장

돈 이상의 것

"미국 의학 협회에 의하면 치명적인 심장 마비는 오전 아홉시 경에 생기는 일이 많다고 합니다. 또한 최초 심장 마비는 오전 여덟 시부터 열 시 사이에 일어나는 수가 많고 일 주일 중, 월요일 아침에 더 많이 발생한다고 합니다. 그리고 국립 보건원에 의하면 미국인의 3대 사망 원인 중 하나인 뇌졸증은 아침 여덟 시부터 아홉 시에 많이 일어난다고 합니다. 이런 사실들의 자명한 결론은 무엇일까요?" 포그는 말한다. "직장에 나가기 보다 차라리 죽는 게 낫다는 것이죠."

네트워크 마케팅의 리크루팅 표어는?

"다시 얻은 나의 인생, 네트워크 마케팅으로 피워 보자"로 하는 것이 어떠냐고 반농담조로 포그는 말한다.

네트워크 마케팅을 통한 마음의 평화

경쟁은 날로 심해지고 과로에 시달리는 직장인에 대한 업무 부담은 더욱 가혹해지고, 직장 스트레스가 생명, 자유, 행복의 위협이 되고 있는 이 세상에서, '네트워크 마케팅' 은 구원의 손길을 내민다.

대부분의 네트워크 마케팅 사업가들은 사업을 통해 얻는 수익이 그렇게 크지는 않다. 그러나 이들은 돈보다 더 귀한 보물을 얻게 된다. 즉 마음의 평안이다. 파트 타임으로 일하는 사람도 자기 생활을 더 자유롭게 할 수 있다. 최초의 수수료를 받는 순간부터 한 직장이나 사장 한 사람에게 자기 생계를 의존할 필요가 없어지기 때문이다.

돈만이 문제가 아니다

일반 사람들 생각과는 반대로 대부분의 네트워크 마케팅 사업가들은 큰 부자가 되는 데 그렇게 큰 관심을 갖고 있지 않다는 것이 조사 결과 밝혀졌다. 네트워크 마케팅 뉴스레터인 〈마켓 웨이브〉는 천 명 이상의 네트워크 마케팅 사업가들을 대상으로 여론 조사를 하였다.

“네트워크 마케팅을 통하여 실제로 어떤 수준의 수입을 얻게 되기를 바랍니까?” 이 물음에 대한 대답은 놀랄 만하다.

“86% 이상의 사람들이 한 달에 1천 500달러 이상만 더 과외로 벌 수 있다면 만족하겠다고 대답했습니다.”

〈마켓 웨이브〉 발행인 레너드 클레멘츠는 말한다. “가족 중 두 사람이 일주에 40 시간을 고정적으로 일하는 것보다 식구 한 사람만이라도 신축성 있게 20 시간만 일할 수 있는 그런 시간의 신축성을 원하고 있습니다.”

바꾸어 말하면 네트워크 마케팅에 종사하고 있는 사람들은 부자가 되겠다는 기대나 강한 욕망을 가지기 보다는 이들이 원하는 것은 어느 정도 부수입과 시간적 여유다.

마조리 머슬맨은 네트워크 마케팅에 종사하고 있는 동안 회사를 여러 번 옮겨 다니며 많은 우여곡절을 겪었다. 그러나 이 험난한 인생길에도 불구하고 자신의 목표를 달성하였다. 남편이 실직한 후 그가 받은 수당으로 식비를 조달하고 남편이 새로 보험업을 시작하는 비용도 대주었다. 한 달 몇 백 달러의 부수입이 이들 부부를 살려준 것이다. 어쩌다가 이 부부가 받은 1천 6백 달러나 2천 달러는 하늘이 내린 선물과 같았다.

"한번은 2천 8백 달러를 받았는데 우리에겐 마치 백만 달러를 받은 것처럼 반가웠습니다."

돈보다 중요한 것들

대부분의 사람들은 돈보다는 눈에 보이지 않는 어떤 것을 추구하기 위하여 네트워크 마케팅 사업을 시작하는 것이 분명하다. 눈에 보이지 않는 이 이유는 제3 물결이 뿌리를 내려감에 따라서 그 중요성이 점점 커가고 있다.

네트워크 마케팅 문화의 거대한 변화가 서서히 수평선 위에 나타나고 있다. 이미 그 변화는 시작되었다. 오늘날 세련된 네트워크 마케팅 사업가는 사업에 대한 설명을 할 때, 그 전처럼 하룻밤 사이에 떼돈을 번다는 허황된 약속을 하거나 봉투나 식당의 냅킨에 어마어마한 숫자를 적어보이거나 하지 않고 '시간의 신축성', '상당한 파트 타임의 수입' 등의 용어를 쓴다.

제3 물결 문화는 어쩌다가 네트워크 마케팅으로 떼돈을 번 사람이 있다 하더라도 거기에 큰 관심을 갖지는 않는다. 열심히 일하는 보통 사람들이 제3 물결의 영웅들이다.

먼 훗날 백만 장자가 되려고 제3 물결 사업을 시작하는 사람도 있겠지만 이들은 대부분 개인의 자유와 그 충족에 대한 욕구를 만족시키는 생활 방식을 찾아 이 사업에 뛰어든다.

고귀한 행위

새로운 시스템과 기술에 의하여 일상의 고된 일로부터 해방된 제3 물결 네트워크 사업가는 이제 더 고귀한 일을 추구하는 데 자신의 힘을 기울일 수 있게 된다.

돈 버는 일은 기계에 정해진 프로그램대로 시키면 된다. 컴퓨터를 시켜서 사업을 운영할 수도 있다. 그러나 오직 인간만이 진정한 아량을 베풀 수 있다. 오직 인간만이 이 세상을 더 좋은 곳으로 만들었다는 데서 깊은 만족감을 얻을 수 있다.

제3 물결 혁명은 선행의 분야에서 가장 훌륭하고 뚜렷한 성과를 나타낸다.

추가 충격

네트워크 마케팅 사업을 통하여 디스트리뷰터들은 '추가 수입'보다 더욱 강력한 무엇을 얻게 된다. 이들이 얻게 되는 것을 존 포그는 '추가 충격'이라고 부른다.

"5만 명이라는 조직의 최정상에 앉아 있다고 할 때, 이 5만 명이라는 사람이 재정적으로 안정되고 자유를 누리고 있는 것. 이들이 당신 덕택에 인생이 바뀌었다는 것을 알고 있는 것, 이것을 추가 충격이라고 부릅니다."

"이 경지에 이르면 이와 같은 감회를 떨쳐 버릴 수가 없습니다. 이 사업에서 물러날 수도 없습니다. 이런 경지에 이른 사람은 다른 사람의 인생을 더 낫게 만드는 일에 마치 마약에 중독된 사람처럼 깊이 빠져듭니다. 절대로 일을 중단할 수 없습니다."

추가 충격은 일시적인 흥분에 그치지 않는다. 다른 어떠한 사업에서 보다도 이 사업은 동정심을 현금으로 표시해준다.

예를 들면, 리노에 있는 자선 단체 유나이티드 웨이에 15만 달러를 기증한 마크 야넬은 네바다주 '올해의 박애주의자'로 뽑혔다. 상패 수여식에 참석한 어떤 유력한 은행가는 야넬의 다운라인으로 가입하였다.

"몇 년 후 이 사람의 노력으로 얻은 수익만도 유나이티드 웨이에 기부한 15만 달러를 훨씬 넘었습니다." 야넬의 말이다.

다음 천 년의 종교

존 포그는 주장한다. "네트워크 마케팅은 앞으로 천 년간의 종교가 될 지도 모릅니다."

포그는 성실, 명예, 동정, 사랑을 불러일으키려는 모든 위대한 종교의 노력은 네트워크 마케팅 스폰서의 노력과 비슷한 점이 많다고 지적한다.

이상적인 네트워크 마케팅 회사는 정직하게 열심히 일하는 사람들의 형제애로 뭉쳐진 단체여야 한다. 이 사람들은 회사내의 무미건조한 경쟁에만 치중하는 것이 아니라 우정, 봉사, 상호간의 교제로 맺어진 사람들이다. 어떻게 보면 이상적인 종교와 전혀 다르다고 할 수 없다.

"네트워크 마케팅은 헌금함을 돌릴 때 당신은 그 안에 돈을 넣는 것이 아니라 도리어 돈이 거기서 생깁니다."라고 포그는 말한다.

사랑

마크 야넬은 네트워크 마케팅이 교회 선교 사업보다 훨씬 자기 자신을 향상시켰다고 생각한다. 시골 교회의 목사였던 때는 하느님의 은혜에 대해 명상하기 보다는 사소한 교회 일 때문에 시간을 더 많이 보냈다.

"나는 언제나 베이크 세일(빵이나 케익 등을 구워 팔아서 그 수익금으로 자선 사업을 하는 것)을 하려는 부녀 신자들과 세차를 하겠다는 틴에이저들 사이를 중재해주는 것 같은 자질구레한 일만 하였습니다."

앞서 언급한 것처럼 야넬은 10년 동안 경제적인 타격을 받고 나서야 이런 상태에서 벗어날 수 있게 되었다. 그리고 이것 때문에 마침내 네트워크 마케팅에서 성공할 수 있었다. 이 과정을 통하여 자기는 전혀 기대하지 않았던 영적인 만족감도 찾게 되었다.

"신학교에서 선교 공부를 하면서 나는 '당신을 위해 기도하겠습니다' 라는 사람의 마음을 감동시키는 말을 배웠습니다. 지금 내가 쓰는 말은 '얼마나 필요하십니까?' 로 바뀌었습니다. 이것이 목사와 성공한 네트워크 마케팅 사업가의 차이입니다."

야넬은 어려운 사람을 도와주는 데 큰 만족을 발견했다. 불구가 된 어느 경찰관이 필요로 하는 전기 휠체어 비용을 경찰서 사람들이 반밖에 모금하지 못하였다는 소식을 들은 야넬은 그 자리에서 나머지 액수에 해당하는 돈을 보냈다.

"목사였던 시절은 이런 뉴스를 보고 누가 저 사람을 도와줬으면 좋겠는데 하고 생각하는 것이 고작이었습니다. 그러나 지금은 어려운 사람에게 1천 8백 달러를 도와주는 것은 아무것도 아닙니다.

옛날과는 달라졌죠."

당시 상원 의원이었던 앨 고어의 친구인 파트리샤 맥큔이 야넬 부부에게 국제 녹십자 발족에 대한 협조 요청을 하자, 야넬은 즉석에서 그녀가 리오데자네이로에서 개최된 환경 정상 회의에 참석하여 미하일 고르바초프를 만나는 데 필요한 여비를 지불하였다.

"우리는 현재 75개국에 1천 개의 지부가 있는 이 녹십자 운동을 도와줄 수 있는 돈을 가지고 있습니다." 야넬 부인은 〈파면되기 전에 회사를 그만둘 것인가〉라는 책에서 말하고 있다.

야넬은 아직도 설교하고 싶은 충동을 느낄 때가 있다. 그러나 세계 각처의 기독교 모임에서 초청 설교를 할 때 야넬은 자기 생활을 위해서가 아니라 사랑하는 마음으로 하게 된다.

선행과 사업

5만 명의 다운라인이 있어야만 추가 충격의 혜택을 받는 것은 아니다. 또 여덟 자리 수입이 꼭 필요한 것도 아니다. 보통 네트워크 마케팅 사업가도 다른 사람에게 엄청난 충격을 줄 수가 있고 돈을 벌 수가 있다.

도리스 우드는 의사도 잘 모르는 어떤 병 때문에 엄청나게 체중이 나가는 어느 부인을 사업에 가입시켰다. 이 부인은 자기의 외모 때문에 병적으로 수줍어하고 우울증에 걸려 있었다. 그리고 수치심과 근심으로 가득차 있었다. 만일 도리스 우드가 이 부인을 건강할 때 만났더라면 별로 해줄 일도 없었을 것이고 무엇인가 해줄려고도 하지 않았을 것이다. 그러나 네트워크 마케팅 사업을 하고 있었기 때문에 다른 신규 가입자와 마찬가지로 여러가지를 가르쳐

줄 수 있었다. 스폰서하는 법, 제품 판매 하는 법, 다른 사람에게 이런 일을 가르치는 법 등을... 이것이 그 부인의 인생에 기적을 일으키게 하였다.

"그 부인은 자기의 껍질을 벗고 세상에 나오기 시작했습니다. 그리고 패배주의적인 태도를 벗어 던졌습니다." -도리스 우드 말.

그 부인은 큰 돈을 벌지는 못했다. 풀타임으로 일하지도 않았다. 한 달에 몇 백 달러 정도의 부수입으로 만족하는 수백만 명의 네트워크 마케팅 가입자 중 한 사람이 되었을 뿐이다. 그러나 그 여자의 조그만 성취감이 새로운 세계를 열어 주었다. 새로 발견한 자신감 때문에 가수가 되는 꿈을 추구할 결심을 하게 되었다.

"그 부인은 그 지방 클럽의 최고 가수가 되었지요. 우리 협회가 주최하는 만찬회와 수상식 때 나와서 노래를 부르기도 하는데, 노래를 썩 잘 부릅니다. 그리고 나이트 클럽 가수로도 돈을 많이 벌었습니다."

"취직도 하기 어려운 그런 사람을 받아들여 자신이 갖고 있는 잠재력을 키울 수 있도록 도와주었을 때, 여기서 얻는 스릴은 경험한 사람만이 알 수 있죠." 네트워크 마케팅 국제협회 도리스 우드의 말이다.

목표 로서의 자유

토마스 제퍼슨이 모든 미국인은 "생명, 자유와 행복 추구의 권리"가 있다고 강조했을 때 그는 각자 소유의 땅에서 왕처럼 군림하고 있는 농부들로 구성된 국가를 염두에 두고 이런 말을 했을 것이다. 제퍼슨에게 있어서는 토지의 소유가 미국 자유의 중요한 기준이었다.

그러나 오늘날 토지를 소유하고 있는 미국인은 얼마되지 않는다. 21세기 해가 갈수록 이 수는 더 줄어들 것이다. 우리의 자유는 이제 물리적인 재산의 소유에 의해서 측량할 것이 아니라 우리 시간을 어느 정도 마음대로 할 수 있느냐 하는 정도에 따라 결정된다.

디스트리뷰터 제리 러빈은 말한다. "시간은 앞으로 우리들의 가장 소중한 자산 중의 하나가 될 것이고 우리들의 가장 큰 문제가 될 것입니다." 네트워크 마케팅은 대중이 자신의 하루하루의 스케줄을 마음대로 조절할 수 있는, 지금까지 알려진 가장 좋은 방법 중의 하나다.

자유 근무 시간제의 혁명

업계는 여러 해 동안 종업원이 신축성 있게 근무하게 하는 자유 근무 시간제에 대해서 왈가왈부해왔다. 이 방법은 업무를 직장에서도 하고 집에 가지고 가서도 할 수 있게 하는 방법과 1주일에 해야 할 일을 한꺼번에 해치우는 방법이다. 자유 근무 시간제를 실험적으로 시행하고 있는 회사가 많다. 그러나 너무 큰 희망은 갖지 말아야 한다. 미국 업계가 근로자의 천국이 되는 날이 눈 앞에 다가온 것 같지는 않다. 자유 근무 시간제에 대한 반발이 벌써 만만치 않다. (가정 친화적 제도라고 미화시켜 말하기도 한다)

"국제적 경쟁이 치열한 이 시대에 가정 위주의 이 제도를 수용할 만한 형편이 못 되는 회사가 많다"고 〈비즈니스 위크〉 호는 말한다. "특히 소기업에 있어서는 뒤처진 일을 맡아서 해야 하는 일부

종업원들이 가정 위주의 이 제도를 못마땅하게 생각한다. 자유 근무 시간제를 실제로 채택한 회사도 있지만 이 제도를 실시해야 한다고 말로만 하는 회사가 더 많다."

진정한 의미의 자유 근무 시간제는 자기가 사업의 주체가 되어 추가 수입을 얻을 수 있는 방법을 스스로 만드는 길 밖에 없다.

테리 힐 말한다. "네트워크 마케팅이라고 반드시 충분한 시간을 주는 것은 아닙니다. 그러나 시간의 신축성을 갖다 줍니다. 회사에 참석하지 않았다고 파면되지도 않고 그 달의 보수를 못 받지도 않습니다. 필요에 따라서 다른 일을 먼저 하더라도 사업은 계속 굴러갑니다."

돌아온 가정

네트워크 마케팅의 자유 근무 시간제는 가족을 한데 뭉치게 하는 역할을 한다고 테리 힐은 말한다.

"오늘날 결혼 생활은 정상적으로 유지하기가 매우 힘들게 되었습니다. 특히 부부가 다 직장을 가지고 있을 때는 부부의 길이 서로 엇갈리는 경우가 많아서 가족보다 가족 이외의 사람과 보내는 시간이 더 많게 됩니다."

네트워크 마케팅이 힐 부부에게 해결책을 주었다. 부부는 직장을 그만두고 네트워크 마케팅 사업의 동업자가 되었다. 2년에 걸쳐서 다운라인을 만든 후부터는 아이들과 함께 지내기 위해서, 그리고 부부간에 더 친해지기 위해서 1년 동안 사업을 쉬었다. 그리고 사업을 다시 시작했다. 지금은 아이들이 학교에서 돌아올 때면 부부가 집에서 기다리고 있다.

"전화하느라 바쁘기는 하지요. 사업 의논을 위해 손님이 찾아오는 경우도 있습니다. 그래도 어쨌든 집에서 가족과 함께할 수 있습니다. 옛날과는 엄청나게 다르지요. 전에는 딸 친구들이 빈 집에 놀러를 왔었고 어린 애들은 어린이집에 맡겼야 했습니다."

개척기의 가족들처럼 힐 부부는 나날이 꿈과 고통을 함께 나누며 공동 목표를 향해 일하고 있다.

"함께 고생하고 같은 목표를 향해 매진하고 있는 것만큼 부부 사이를 가깝게 하는 것은 없습니다. 여행을 함께하는 것과 같습니다. 아이들도 한몫 거듭니다. 제품을 함께 쓰고 부모와 함께하는 생활 속에서 행복과 사랑을 나눕니다."

'아이들은 부모가 어떤 목표를 설정하고 이것을 달성하기 위해 열심히 일하는 모습을 보게 됩니다.' 힐은 결론으로 이렇게 말한다. "일반적인 사업에 매여있는 사람과 우리와의 차이는 이것입니다. 우리에겐 가족끼리 함께 있도록 하는 도구가 있습니다. 우리가 누리는 모든 것은 순전히 이 사업 덕택입니다. 보통 방법으로는 도저히 얻을 수 없는 삶을 이 사업이 마련해 주었습니다."

확대된 가족: 새로운 종족

현대 사회는 종족의 전통을 송두리째 빼앗아 버렸다. 장거리 통신, 제트 여행, 세계 정부, 자유 무역 등이 마침내 국경선을 허무려뜨리고 양로원과 유학생 등이 가정의 가족 관계를 무너뜨리고 있지만 사람들은 아직도 모닥불을 쪼이며 함께 노래를 부르는 혈족 관계와 소속 의식을 갈구한다. 하루가 다르게 외로워지고 소외되어가는 오늘날 네트워크 마케팅을 통해 친족관계라고 부를 정도의 공동 사회 의식을 느끼는 사람이 많다.

도리스 우드는 말한다. "오늘날 사회생활에서 느끼는 큰 간격을 메꾸어 줍니다. 사업 설명회에 참가하고, 사업에 대한 질문을 하고, 전체 조직의 일원으로 대환영을 받습니다."

사람들의 만남이 이렇게 덧없고 주변에 형제자매도 없는 현대 사회에 있어서 네트워크 마케팅은 확대된 가정의 자리를 대신해 준다.

지구 종족

이와같은 종족에 대한 비유는 처음 사용되었을 때보다 지금에 더 적절하다. 존 코트킨은 그의 유명한 저서 〈종족: 민족, 종교, 개성이 새로운 세계에서의 성공을 결정한다〉에서 동족의식이 되살아나고 있다고 주장한다. 인종적, 가족적, 종교적인 유대에서 생기는 친밀한 인간적인 조직망이 얼마안가 국가 개념을 대신해서 지구상의 가장 강력한 힘으로 대두되리라 주장하고 있다.

네트워크 마케팅은 세계적인 조직과 급속한 세계적 반응, 긴밀한 인간적 유대 등의 경향을 잘 나타내 보이고 있다.

네트워크 매케팅회사도 언젠가는 국경을 초월하는 국가와 비슷하게 될 지도 모른다. 이들의 경제적인 부는 세계적인 대국에 필적하고 컴퓨터 네트워크와 공동 종족의 미래상만으로 결합된 네트워크 마케팅 '국민들'은 전세계에서 공동보조를 취하며 일을 하고 있다.